OBSERVATIONS

DE QUELQUES MUSICIENS

ET DE QUELQUES AMATEURS

SUR LA MÉTHODE DE MUSIQUE

De M. le Docteur Émile CHEVÉ

PARIS

IMPRIMERIE DE J. CLAYE

RUE SAINT-BENOIT, 7

—

1860

OBSERVATIONS

DE QUELQUES MUSICIENS ET DE QUELQUES AMATEURS

SUR LA MÉTHODE DE MUSIQUE

De M. le Docteur Émile CHEVÉ

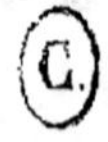

OBSERVATIONS

DE QUELQUES MUSICIENS

ET DE QUELQUES AMATEURS

SUR LA MÉTHODE DE MUSIQUE

De M. le Docteur Émile CHEVÉ

———<◇>———

PARIS

IMPRIMERIE DE J. CLAYE

RUE SAINT-BENOIT, 7

—

1860

OBSERVATIONS

DE QUELQUES MUSICIENS ET DE QUELQUES AMATEURS

SUR LA MÉTHODE DE MUSIQUE

DE M. LE DOCTEUR ÉMILE CHEVÉ.

I.

EXPOSÉ.

M. le docteur Chevé est auteur d'une *Méthode élémentaire de musique vocale* qui a pour base la notation en chiffres.

A diverses époques, des commissions diverses, consultées sur la valeur des doctrines de M. Chevé, ont jugé qu'il n'y avait pas lieu d'approuver son système d'enseignement, et des décisions administratives ont confirmé l'avis de ces commissions.

Plusieurs d'entre nous ont fait partie d'une commission qui, en 1850, a été chargée d'examiner de nouveau la méthode de M. Chevé, et a exprimé, dans un rapport motivé, une opinion conforme à celle de ses devancières [1].

Mais M. Chevé prétend qu'on n'a pas le droit de *juger* sa

1. Rapport adressé au comité central d'instruction primaire, au nom de la commission spéciale de l'enseignement du chant, le 9 avril 1850, et approuvé le 14 août suivant par le comité central. Ce rapport était signé

méthode, c'est-à-dire d'examiner le livre dans lequel son système d'enseignement est exposé, et depuis cette époque, depuis 1850, il a accablé d'invectives et poursuivi de ses injures ceux qui avaient pris part à ce dernier rapport. Il a publié contre eux de nombreux *factums : la Protestation*, le *Tournoi musical*, la *Routine et le Bon Sens*, *Continuation d'une incroyable histoire*, le *Coup de grâce à la routine musicale*, l'*Historique du concours*, la *Lettre à M. Adam*, l'*Appel au pouvoir*, le *Dernier mot de la science officielle*, etc., etc., et aussi le journal la *Réforme musicale*, qui paraît à Rouen, rue de la Porte-aux-Rats.

Aucun de ceux qui se trouvaient attaqués dans ces publications n'a répondu aux injures de M. Chevé, ni à ses arguments mis sous la protection de ses injures.

Comment en effet des hommes qui se sont fait connaître dans le monde musical par quelques travaux, et qui ont, à ce qu'il leur semble, une réputation de gens de bien et de gens d'honneur, comment des hommes qui ont le respect d'eux-mêmes, auraient-ils daigné répondre à des accusations telles que celles-ci : « *Vous êtes des ignorants; vous êtes incapables de juger une méthode de solfége; vous avez fait une immense ânerie; vous avez jugé contre le bon sens et la raison; vous avez trompé la confiance de l'administration, surpris sa religion; vous êtes pris en flagrant délit de mensonge; vous avez violé la justice de Dieu; vous avez fait une mauvaise action; vous aurez un pilori dans l'histoire de la musique; vous avez couronné cette longue série de fautes et d'iniquités*

de MM. Ad. Adam, Auber, Barbereau, Boulet, Carafa, Clapisson, Ermel, Victor Foucher (*président*), Casimir Gide, Halévy, Gustave Héquet (*rapporteur*), Jomard, Édouard Rodrigues (*vice-président*), Zimmermann, et de Moyencourt (*secrétaire*).

*par un nouvel abus de pouvoir qui était en même temps une
lâche méchanceté[1]. »*

J'en passe, et des meilleurs.

Encore une fois, comment répondre à tout cela? Par la
police correctionnelle, ou par le mépris? On a choisi, peut-
être à tort, ce dernier parti.

Mais M. Chevé se fait une arme du silence qu'on a gardé. Il
proclame et publie que ceux qu'il a insultés sont *terrassés,
confondus, écrasés,* etc.

Cette situation donne le devoir de sortir de la réserve
qu'on s'était imposée. Nous laisserons de côté les injures.
Nous examinerons le système de M. Chevé. Nous discuterons
les principes qui servent de base à la prétendue découverte
en matière d'enseignement musical.

Tous les efforts de cet enseignement tendent à substituer à
la notation usuelle une notation en chiffres. Dès la première
page de son livre [2], M. Chevé pose en principe : *que l'écriture
musicale est mauvaise, essentiellement défectueuse, absurde.*
Il développe cette thèse, il exalte les mérites des chiffres, puis
il ajoute [3] : « nous substituons, MOMENTANÉMENT, les chiffres
aux points noirs que l'on écrit ordinairement sur les cinq lignes
de la portée musicale. »

Ainsi, le maître fait comprendre à ses disciples qu'il va leur
enseigner, MOMENTANÉMENT, le parfait, l'excellent, pour aboutir,
en définitive, au défectueux, au mauvais, à l'absurde; et le

1. Voyez le *Coup de grâce à la routine musicale* (Paris, janvier
1851), et plus particulièrement les *conclusions,* p. 73, 74, 75, etc. Voyez
le journal la *Réforme musicale* et tous les écrits de M. Chevé.

2. *Méthode élémentaire de musique vocale,* p. 8, édition de 1846.

3. *Id.,* p. 83. Nous aurons occasion de revenir sur les points noirs auxquels M. Chevé paraît tenir beaucoup.

mot, MOMENTANÉMENT, écrit deux fois en lettres majuscules dès la première leçon, est un artifice oratoire destiné à faire ressortir tout ce qu'une pareille nécessité a de cruel et d'affligeant.

Tâchons de découvrir les bonnes raisons qui inspirent au savant professeur le profond mépris où il tient la notation de tout le monde, et la haute estime qu'il décerne à sa notation personnelle.

II

ARGUMENTS DE M. LE DOCTEUR CHEVÉ
CONTRE LA NOTATION UNIVERSELLE.

M. Chevé traite la notation universelle comme il traite ceux qui la pratiquent : il se livre à un débordement d'invectives.

Ainsi, dans tous ses livres, la notation est[1] : *absurde, pleine de monstruosités, de complications imbéciles, antilogique, illisible pour les plus forts, horrible, abominable, c'est un affreux grimoire, l'étude de cette notation est un des travaux les plus fastidieux et les plus abrutissants que l'on connaisse*, etc.

Voyons si le portrait est ressemblant, voyons si le peintre est fidèle, voyons s'il est habile.

Cette notation contre laquelle M. le docteur Chevé accumule tant d'épithètes barbares, c'est celle qui, depuis huit cents ans, s'est prêtée à toutes les modifications de l'art, qui a établi l'unité, et qui, éprouvée par l'usage, consacrée par une longue expérience, est aujourd'hui l'organe facile des relations musicales dans le monde entier. En France, en Italie, en Allema-

---

1. Voyez le *Coup de grâce*, p. 11, 25, 29, 42, etc., et tous les écrits de M. Chevé.

gne, dans tous les pays civilisés, les partitions de toutes les
époques, opéras, oratorios, symphonies, sont lues, comprises,
exécutées, appréciées. Une page de cette musique illisible écrite
à Paris, à Naples, à Vienne, à Londres, à Saint-Pétersbourg, à
Calcutta, en Amérique, est lue, comprise sans incertitude,
sans discussion, sans traduction, partout où il y a une voix
qui chante, un orgue, un piano, un orchestre. Cette notation, si *abrutissante*, convient au génie musical de tous les
âges et de toutes les nations. Est-ce que Palestrina, ou Per-
golèse, ou Durante, ou Jomelli, ou Cimarosa, ou Paisiello, ou
Paganini, ou Rossini, ou Verdi, ont exprimé quelque plainte à
ce sujet? La notation s'est-elle montrée rebelle à l'expression
de quelqu'une de leurs idées? Est-ce que Hændel, ou Grétry,
ou Haydn, ou d'autres *abrutis*, tels que Gluck, Mozart, Cherubini, Méhul, Boïeldieu, Beethoven, Weber, Meyerbeer, se sont
trouvés gênés sur les cinq lignes de la portée?

Et cette écriture, employée par de si grands génies, n'est-elle
pas facilement accessible à l'intelligence de tous? Regardons
ce qui se passe autour de nous.

Assistons aux répétitions de l'Orphéon de Paris [1]. Mille ou

1. On doit à l'Orphéon, fondé par Wilhem et soutenu par l'édilité pari-
sienne, à l'impulsion qu'il a donnée, à l'heureuse influence qu'il a exercée,
le développement qu'a reçu en France l'enseignement populaire de la musique. Des professeurs sortis de l'Orphéon ont propagé cet enseignement;
des maîtres habiles se sont formés dans nos grandes villes, dans les cen-
tres principaux, souvent aussi dans de modestes communes, et ce qui se
pratiquait à Paris seulement se pratique aujourd'hui pour ainsi dire dans
la France entière; des orphéons, des sociétés chorales, des institutions
philharmoniques prospèrent et fructifient, par les soins du gouvernement et
des autorités municipales, ou sous la libre direction d'artistes et d'amateurs éclairés. M. Delaporte a pu réunir, à Paris, l'année dernière, un
chœur de six mille voix. LL. MM. II. ont honoré cette réunion de leur
présence, et ont bien voulu témoigner leur haute satisfaction à M. Delaporte.

douze cents orphéonistes [1], enfants des deux sexes instruits aux écoles communales, ou adultes, ouvriers honnêtes et laborieux, viennent, après la journée de travail, demander à la musique un délassement intelligent. Ils reçoivent les *horribles* cahiers, ils lisent, ils chantent, et, avec une excellente émission de voix, due à l'enseignement actuel, ils exécutent facilement, gaiement, des chœurs inédits quelquefois très-difficiles [2].

Au Conservatoire, des enfants lisent merveilleusement, à première vue, des exercices où l'on a réuni à dessein des difficultés qu'on ne rencontrera jamais dans la pratique.

Visitons l'École de musique religieuse [3], les maîtrises, les classes du Conservatoire destinées à l'étude du chant, aux instrumentistes, aux jeunes soldats, à l'enseignement populaire, nous verrons partout la musique lue comme une langue maternelle.

Pénétrons jusqu'aux modestes salles d'asile. De petits enfants de *quatre à six ans* chantent joyeusement. C'est la musique de tout le monde qu'ils lisent, et chacun des petits chanteurs suit, sans se troubler, la partie qui lui est assignée. Voilà donc la notation *abominable* qui a le droit de dire : *Laissez les petits enfants venir à moi*, et voilà l'écriture *pleine de monstruosités*, et *illisible pour les plus forts*, lue par les plus faibles.

Et il en est de même partout, dans tous les pays, dans toutes les écoles. Telle est cette notation. Nous demanderons

1. L'Orphéon de Paris, par suite de l'agrandissement de la capitale, va recevoir un accroissement considérable.

2. Les orphéonistes de Paris, réunis pour les répétitions générales des exercices publics qui se font tous les ans, lisent souvent à première vue, avec une facilité remarquable, des morceaux nouveaux distribués à l'heure même de la répétition. Dans cette première lecture, ils lisent les notes seulement, et chantent avec les paroles à la seconde lecture.

3. Dirigée par M. Niedermeyer.

à tout homme de bonne foi et de bon sens, si cette adoption universelle, cette soumission volontaire, générale, à des règles que personne n'a imposées et que tout le monde reconnaît, n'est pas une preuve certaine, évidente, incontestable de la vérité, de la bonté, de l'excellence de cette écriture ? — Mais cette approbation, ce consentement unanime, M. Chevé ne s'en préoccupe guère ; tout cela, pour lui, c'est la *stupide routine*, et il veut « l'anéantir d'un coup de son épée[1]. »

Nous n'avons jusqu'à présent entendu que les injures, arrivons aux arguments. M. Chevé ne reproche pas seulement des défauts à la notation universelle ; il lui reproche des *monstruosités !*

On n'a qu'à ouvrir au hasard les petits livres de M. Chevé, on y verra partout ce système de doctrine à outrance, d'attaques follement passionnées, que réprouvent à la fois la vérité, le bon sens et le bon goût, et nous regretterions profondément d'avoir pendant si longtemps encouragé par le silence la faconde toujours croissante de M. Chevé, si des hommes honorables pouvaient nous croire en effet *écrasés* sous d'aussi pauvres hyperboles.

Examinons donc les *monstruosités* découvertes et signalées par M. Chevé[2]. Elles sont au nombre de *sept*. Ce sont les sept péchés capitaux, les sept péchés mortels de la notation. Les autres, n'étant désignées que par des *etc.*, doivent être considérées comme des peccadilles. Attaquons tout de suite les sept

1. « ... Et avec la résolution bien arrêtée de ne remettre l'épée au fourreau que quand nous aurons anéanti à tout jamais cette stupide routine musicale dont vous venez de vous faire si maladroitement les malheureux champions. » (*Coup de grâce*, p. 8.) C'est à *nous* que ce discours s'adresse, et nous sommes les *malheureux champions* de la *stupide routine.*

2. *Coup de grâce*, p. 25.

grosses *monstruosités*. Nous demandons pardon d'avance, à ceux qui prendront la peine de lire ce travail, des développements où la discussion pourra nous entraîner.

III.

MONSTRUOSITÉS DÉCOUVERTES PAR M. LE DOCTEUR CHEVÉ DANS LA NOTATION UNIVERSELLE.

PREMIÈRE MONSTRUOSITÉ.

« *Le même point noir, sur le même barreau, peut représenter successivement les dix-huit échelons de la gamme enharmonique.* »

Réponse.

M. Chevé veut tout changer, le langage comme l'écriture ; il dit : « *un point noir,* » lorsque tout le monde dit : une note.

Et *tout le monde* a raison, un point est un point, une note est une note, et la couleur n'y fait rien. Ce point noir pourrait être une note blanche, et cela ne changerait rien au prétendu raisonnement dont M. Chevé se fait une arme.

« *Sur le même barreau.* » Encore une expression impropre, inconnue aux musiciens bien élevés. M. Chevé veut dire : sur la même ligne ou dans le même interligne.

Cette expression : « *le même point noir,* » signifie donc, dans la langue de M. Chevé : la même note. M. Chevé ajoute : « *sur le même barreau.* » Cela constitue un pléonasme, ce qu'il appellerait, lui, dans son style plein d'élégance, *une absurdité, une lourde faute, une ânerie, une complication imbécile.* Car la même note ne peut être la même note qu'à la condition expresse d'être sur ce que M. Chevé appelle « *le même barreau,* » autrement ce ne serait plus la même note.

De plus, M. Chevé commet à son préjudice une erreur considérable que nous rectifierons dans son propre intérêt. Pourquoi compte-t-il seulement *dix-huit échelons* [1], lorsqu'il en devrait compter *vingt et un?* [2] Nous croyons qu'il n'a pas une idée bien nette de la gamme enharmonique.

Corrigeons donc la phrase, et disons : « La même note peut représenter les vingt et un échelons de la gamme enharmonique [3]. »

Eh bien, ce que M. Chevé qualifie, dans le langage qui lui appartient, de « monstruosité, » est une preuve excellente de l'admirable souplesse de l'alphabet musical. C'est le jeu régulier d'un mécanisme intelligent, une faculté dont dispose à son gré le compositeur. Oui, une seule note *peut,* par le

---

1. Le mot *échelons* s'applique mal à la gamme enharmonique, puisque deux notes *synonymes,* exprimant le même son, ne forment dans la pratique qu'un seul et même échelon. Quoi qu'en dise M. Chevé, il est certain, évident, incontestable, c'est un fait, qu'il n'y a réellement dans les *vingt et un* signes de la gamme enharmonique que les *douze échelons* de la gamme chromatique.

2. Si dièse et ut; ut dièse et ré bémol; ré; ré dièse et mi bémol; mi et fa bémol; mi dièse et fa; fa dièse et sol bémol; sol; sol dièse et la bémol; la; la dièse et si bémol; si et ut bémol. M. Chevé exclut de la gamme enharmonique : *mi dièse, si dièse, ut bémol,* et *fa bémol. Mi dièse* est enharmonique de *fa,* aussi bien que *fa dièse* l'est de *sol bémol : si* dièse est enharmonique d'*ut,* etc. Cela est ainsi, et il n'existe aucune raison d'exclure ces quatre notes de la gamme enharmonique qui, au reste, n'est jamais pratiquée et ne saurait l'être.

3. Cela se réduit à dire : la même note peut, par l'emploi des changements de clefs, recevoir les sept noms donnés aux notes. Mais nous voulons bien admettre le faux air scientifique de la rédaction originale.

changement de clefs, recevoir des emplois différents. Où est la *monstruosité?* Dans la numération, le même chiffre exprime et signifie souvent dans le même groupe : les unités, les dizaines, les centaines, mille, dizaine de mille, centaine de mille, million, dizaine de millions, etc., etc. Est-ce aussi une *monstruosité?*

Mais hâtons-nous de dire que l'emploi de cette richesse d'appropriation purement facultative (la même note *peut*) est exclusivement réservé à la *grande partition.* La partition est l'image fidèle de l'orchestre, et l'emploi des différentes clefs, qui amène cette variété d'applications, permet au compositeur d'exprimer d'une manière spéciale, distincte, la sonorité propre de chaque genre d'instrument, et de la représenter, par l'écriture, à sa véritable place dans l'échelle générale des sons.

Ainsi donc, cet emploi des sept clefs n'est qu'à l'usage de ceux qui veulent écrire ou lire la grande partition, c'est-à-dire à l'usage des compositeurs ou des élèves qui aspirent à approfondir l'étude de l'harmonie. Pour la lecture des partitions arrangées pour le piano, comme on les publie depuis longtemps, deux clefs suffisent [1], et à quiconque veut exécuter une partie dans un chœur, ou étudier la plupart des instruments, ou apprendre à chanter, une seule clef suffit. Nous pensions que M. Chevé le savait (car tout le monde le sait), mais il paraît que, par une fatalité inconcevable, cette lumière n'a pu encore pénétrer jusqu'à lui : il est fermement convaincu que l'emploi des sept clefs est nécessaire pour tous les genres d'études, que ce qui est utile à quelques-uns est indispensable à

1. La clef de sol et la clef de fa, seules employées dans la musique de piano, suffisent à exprimer l'échelle musicale dans sa plus grande extension. Au reste, M. Chevé lui-même approuve la manière d'écrire la musique pour le piano. (Voyez plus loin la note, p 27 et 28.)

tous, et c'est l'expression sans cesse renouvelée de cette notion complétement inexacte, qui pourrait bien constituer une *monstruosité*.

Il reste à signaler une chose véritablement digne d'attention.

Si dans notre système (celui de tout le monde) la même note *peut*, dans celui de M. Chevé le même signe *doit* représenter tous les degrés de l'échelle musicale. Ce qui est *facultatif* chez nous est *obligatoire* chez lui. Par une suite nécessaire de son système de transposition, chacun de ses chiffres est inévitablement appelé à représenter, dans des circonstances données, les *vingt et un échelons de la gamme enharmonique*. Ce qui chez nous n'est qu'un incident, une exception, est chez lui l'usage constant, la règle, la loi, le principe; de sorte que tout son système est fondé sur la *monstruosité* qu'il reproche à notre notation, où elle n'existe pas: et véritablement, cela est curieux.

SECONDE MONSTRUOSITÉ.

« *Tous les barreaux de la portée peuvent représenter un seul et même échelon de la gamme enharmonique.* »

Réponse.

Mais c'est la contre-partie de la première *monstruosité*, c'en est le reflet nécessaire, inévitable. *Tous les barreaux peuvent*: c'est encore une faculté accordée, non une obligation imposée; une richesse, non une pauvreté; un don, non une charge: où est le mal? Nous ne dirons pas que des *barreaux* ne représentent rien, que les notes sur ou entre les lignes de la portée ont seules une signification; nous voulons laisser « *tous les bar-*

reaux » exécuter librement les innocents exercices qui plaisent tant à M. Chevé; mais nous lui dirons encore que si *tous nos barreaux peuvent*, tous ses chiffres *doivent*, dans des circonstances données, représenter « *un seul et même échelon de la gamme en harmonique*, » que c'est aussi une conséquence forcée, nécessaire, inévitable de son système; M. le docteur Chevé n'aurait pas dû l'oublier. La *monstruosité* est donc encore chez lui, non chez nous.

TROISIÈME MONSTRUOSITÉ.

« *Le même signe se nomme* mi *pour la main gauche du pianiste, et* ut *pour la main droite.* »

Réponse.

Il y a, en effet, des créatures que l'on nomme *pianistes*, et qui ont, comme les autres hommes, une main gauche et une main droite. Il y en a partout, de tous les âges, dans les classes les plus élevées, dans les classes les plus modestes; plusieurs sont de grands artistes, qui composent de très-belles choses; ils sont aimés, fêtés, applaudis, et ne prennent nul souci de la *monstruosité* dénoncée par M. Chevé [1].

---

1. Il y a véritablement des choses auxquelles il est impossible de répondre sérieusement. Est-il croyable qu'on nomme *monstruosité* une chose aussi insignifiante! Le nombre des pianistes, artistes ou amateurs, le nombre des facteurs de pianos et des pianos par conséquent, des orgues, des harmoniums, ne s'accroît-il pas tous les jours dans une proportion considérable? Sont-ce là les suites ordinaires des monstruosités? « *Le même signe se nomme à la fois* mi *et* ut *!* » Mais la même lettre, dans le même mot, n'a-t-elle pas souvent deux sonorités, ne remplit-elle pas la fonction de deux lettres différentes, comme le c dans *carapace;* le t dans *attention;* le s dans *saisir;* le g dans *gagner;* le ch dans *chez* et dans

QUATRIÈME MONSTRUOSITÉ.

« *Il y a huit manières d'écrire l'unité de durée.* »

Réponse.

Qu'est-ce que « l'*unité de durée?* »

On ne peut concevoir *l'unité de durée* autrement que comme une fraction invariable de temps, servant de type et de point de comparaison ; ainsi le métronome, qui règle la durée des sons dans toutes les combinaisons possibles de mesures et de notes, a pour *unité de durée* la minute.

Mais la notation ne peut avoir, et n'a pas la prétention d'exprimer, par aucune des figures qu'elle emploie, une *unité de durée* fixe, puisque la même figure de note, dans la même espèce de mesure, a des durées variables, selon l'indication du mouvement.

Il n'y a pas, il n'y a jamais eu dans l'écriture musicale, quoique M. Chevé l'affirme « *de formes d'unités correspondant à des durées absolues* [1]. » Cela n'est pas. Cette expression « *unité de durée* » (dans le sens que lui attribue M. Chevé), cette autre expression : *durée absolue,* » n'existent pas dans la nomenclature simple et vraie de la notation. Il n'y a donc

orchestre, etc. ? On a appelé M. Chevé le M. Marle de la musique. Et en effet, il y a beaucoup d'analogie entre les deux systèmes. Mais on aura beau professer qu'il faut écrire : *gé loneur de vou salué*, il y aura toujours des routiniers, des entêtés, des encroûtés, des absurdes, des ânes, des buses, des intrigants, des misérables sans foi ni loi qui écriront : *j'ai l'honneur*, etc. (Voyez d'ailleurs plus loin l'opinion de M. Chevé sur la manière d'écrire la musique de piano, p. 27 et 28.)

1. *Le dernier mot de la science officielle.* C'est un de ces livres auxquels on ne répond pas.

ni huit, ni sept, ni six manières d'écrire *l'unité de durée* ; il n'y en a aucune, et l'on n'enseigne nulle part qu'il y a une *durée absolue*.

Ici encore la monstruosité n'existe que dans la proposition incompréhensible et dénuée de sens de M. Chevé.

Mais M. Chevé, dans sa langue, que nous n'admettons pas, désigne par cette expression : *unité de durée*, ce que les musiciens appellent le *temps*, c'est-à-dire ce qui n'est pas et ne peut être une *unité de durée*.

Il est dès lors obligé d'admettre dans son écriture autant de manières d'écrire cette *unité de durée* qu'il y a de manières possibles de former *un temps* dans les différentes espèces de mesures. Cela fait bien des manières d'écrire l'unité, et voilà de nouveau M. Chevé proclamant parfait chez lui ce qu'il trouve monstrueux chez autrui, et pratiquant encore dans son écriture une *monstruosité* qu'il reproche à notre notation, alors qu'elle n'y existe pas et qu'elle n'y peut exister.

CINQUIÈME MONSTRUOSITÉ.

« Les tiers s'écrivent avec les signes des moitiés. »

Réponse.

Il se trouve par hasard que cette observation est juste. L'emploi du même signe pour les tiers et les moitiés a dispensé d'inventer un signe nouveau.

Lorsqu'un *temps* est formé de deux croches, par exemple, le lecteur comprend que chacune de ces croches est une moitié. Quand il est formé de trois croches, le lecteur comprend que chacune de ces croches représente un tiers. Cette énorme difficulté se résout d'un coup d'œil : ainsi, par exemple, quand deux hommes se promènent ensemble, on s'aperçoit tout de suite qu'ils ne sont pas trois, et ensuite on calcule aisément que chacun d'eux forme la moitié du groupe, tandis qu'il n'en formerait que le tiers, s'ils étaient trois. C'est monstrueux.

Mais cette grande question des tiers et des moitiés, comment la résout la notation de M. Chevé? Purgée de toute espèce de *monstruosités*, elle doit marcher libre et fière, M. Chevé ayant été maître d'inventer, de choisir, de multiplier les signes. Écoutons sa méthode :

« *La barre simple recouvre toujours des moitiés ou des tiers.* »

Mais n'est-ce pas le même procédé, le même signe pour des fractions différentes? M. Chevé n'a donc rien trouvé de mieux dans le choix libre qu'il pouvait faire? Il a donc copié *l'abominable* notation?

Mais ce n'est pas tout :

La barre double représente toujours des quarts, des sixièmes et des neuvièmes. »

« *La barre triple représente toujours des huitièmes, des douzièmes, des dix-huitièmes et des vingt-septièmes.* »

A la bonne heure! voilà la réforme, la sagesse, la lumière! M. Chevé met à de rudes épreuves la foi de ses admirateurs.

SIXIÈME MONSTRUOSITÉ.

« *Le ré bémol plus grave, s'écrit au-dessus de l'ut dièse, plus aigu.* »

Réponse.

Le *ré bémol* est une modification du *ré*, l'*ut dièse* une modification de l'*ut*. Chaque note conserve donc son nom et la place qu'elle occupe sur la portée. Rien de plus simple, de plus clair, de plus logique, de plus conforme au bon sens et à la réalité, et il n'y a pas de verbiage qui puisse arriver à persuader le contraire.

M. Chevé sait bien que, dans la pratique, le *ré bémol* n'est ni plus grave, ni plus aigu que l'*ut dièse*, que ces notes sont *synonymes*, qu'elles expriment le même son. Il sait bien que la *synonymie*, c'est-à-dire l'*enharmonie*, est la source de toutes les richesses de l'art moderne; il sait que l'emploi de l'enharmonie a amené nécessairement, dans la manière d'accorder les instruments, le système nommé *tempéré* [1]; que ce système tempéré a trouvé son expression complète sur le clavier de l'orgue et du piano, et qu'enfin, l'orchestre dans toute sa puissance, dans tout son éclat, n'est qu'une riche et harmonieuse transformation de ce clavier. Supprimez le système tempéré, supprimez l'enharmonie, la synonymie,

---

1. Et ce n'est pas seulement, à cause de l'*enharmonie*, que le système *tempéré* a dû être employé pour l'*accord* des instruments. Si les musiciens employaient les sons tels qu'ils sont produits par les corps sonores, il faudrait, pour chaque gamme, pour chaque tonalité différente, une manière différente d'*accorder* les instruments; et c'est parce que la nécessité du *tempérament* a été longtemps ignorée ou méconnue que les progrès de la musique ont été entravés. Chaque corps sonore vibre dans une indépendance absolue; le son que nous nommons *si*, tierce du son principal *sol*, n'est pas exactement le même *si* que celui qui est produit par le corps sonore *mi*, où il est la *quinte*. Le *tempérament* a pour but d'aplanir ces aspérités, d'effacer ces nuances, de faire disparaître ces différences souvent peu appréciables, il est vrai, mais qui, en s'ajoutant les unes aux autres, seraient la source de discordances permanentes. Certes, la science de l'acoustique ne dirige pas l'inspiration du musicien, mais elle éclaire l'art et le règle pour ainsi dire à son insu; le *tempérament* permet que le même son reçoive dans des gammes différentes des applications diverses; non-seulement il permet la *modulation*, mais il la rend agréable et douce. L'art du musicien assouplit les sons, il les dompte, les soustrait parfois à la règle du calcul rigoureux des vibrations, pour les com-

vous supprimez du même coup les plus belles inspirations des maîtres, vous supprimez la musique même.

M. Chevé sait tout cela, car tout le monde le sait, mais il faut qu'il le nie. Il a promis des monstruosités, il faut qu'il en donne.

Ce qu'on doit encore remarquer ici, c'est la merveilleuse argumentation de M. Chevé. Dans sa vaine négation de la synonymie, obligé de recourir à des doctrines hors d'âge, il dit que « *nous en sommes encore aux douze demi-tons du piano*, » qui sont l'expression de l'harmonie moderne, et qui en font la richesse. Peu versé dans l'histoire de l'art, confondant toutes les époques, ne tenant aucun compte des progrès accomplis, il remonte, sans qu'il s'en doute peut-être, au système musical des Grecs, impraticable aujourd'hui, aux querelles sur les doctrines de Pythagore et d'Aristoxène, et il dit que « *nous en sommes encore à l'enfance de l'art.* »

biner, les réunir en un groupe harmonieux ; l'accord des instruments, au moyen du *tempérament*, constitue donc un système *moyen*, aussi souple que le système *rigoureux* est résistant et inflexible. La discussion entre les deux *systèmes* remonte aux époques les plus reculées. Pythagore était partisan du *système* rigoureux, qui pouvait en effet suffire aux besoins de la musique chez les Grecs. Aristoxène était pour le système *moyen*. Il est probablement l'inventeur du *tempérament*. Il voulait que tout, dans la musique, fût soumis à la seule appréciation de l'oreille. Mais le *tempérament* même a ses lois. Des physiciens célèbres, des musiciens, d'habiles constructeurs d'instruments les ont formulées. Voilà comment Rousseau (Dictionnaire de musique) définit le *tempérament* : « Opération par laquelle, au moyen d'une légère altération dans les intervalles, faisant évanouir la différence de deux sons voisins, on les confond en un, qui, sans choquer l'oreille, forme les intervalles respectifs de l'un et de l'autre. Par cette opération, l'on simplifie l'échelle en diminuant le nombre des sons nécessaires. Sans le *tempérament*, au lieu de douze sons seulement que contient l'octave, il en faudrait plus de soixante pour moduler dans tous les tons. »

Toutes ses *innovations* portent ce cachet de vétusté, à commencer par la notation en chiffres; ce n'est qu'un retour à différents systèmes pratiqués dans l'antiquité et abandonnés dès le moyen âge.

SEPTIÈME ET DERNIÈRE MONSTRUOSITÉ.

« *Il y a huit cent quarante manières d'écrire tonique et dominante.* »

Réponse.

Tant mieux! et nous voudrions qu'il y en eût mille, dix mille, vingt mille, cent mille!

Tâchons de mettre au grand jour la pensée un peu ténébreuse du professeur, et d'établir le bilan de ces *huit cent quarante manières.*

Prenez une *tonique* et une *dominante* [1], soit dans le ton d'ut, *ut* et *sol.*

Voilà *une manière*, ci.   1

Ajoutez à cette première manière les quatorze manières résultant des quatorze tons majeurs, par *dièse* et par *bémol.* comme par exemple, *sol ré*; *fa ut*, etc., ci.   14

Plus les quinze manières provenant du ton de *la* mineur, et des quatorze autres tons mineurs, par *dièse* et par *bémol,* ci.   15

Cela fait *trente manières,* ci   30

Maintenant, multipliez ces trente manières par les sept manières que donnent les sept clefs, lesquelles, au dire de la *Méthode* et du *Coup de grâce,* etc., fonctionnent toujours sans trêve ni repos, dans le monde musical.   7

1. On appelle *tonique* la première note d'une gamme, et *dominante* la cinquième note.

Cela fait *deux cent dix manières*, ci.   210

Multipliez ensuite ces deux cent dix manières par
quatre autres manières, provenant de quatre espèces de
mesures.   4

Cela fait bien le total annoncé, *huit cent quarante
manières*, ci.   840

« Ce qui nous plaît de M. le docteur Chevé, c'est que ses
parties [1], si elles ne sont pas toujours fort civiles, » sont cette
fois fort exactes ; il nous semble même que, par extraordinaire,
il s'est montré ici un peu timide ; il aurait pu compter un plus
grand nombre de mesures différentes et augmenter ainsi le
chiffre total de ses *manières*. Mais nous nous contenterons de
celui qu'il nous donne. Si malgré nos efforts sincères pour
entrer dans sa pensée, nous avons mal compté, si nous nous
sommes trompés dans les bases de notre calcul, qu'il nous
pardonne ; nous croyons n'avoir rien dissimulé de la force
de son argument dans la démonstration que nous en avons
faite.

Eh bien, maintenant, nous emploierons, en la mitigeant,
une des locutions qui lui sont familières, et nous lui dirons
que tout cela n'est qu'une *immense niaiserie*.

Parce qu'il n'est pas plus difficile au lecteur, à l'élève, de lire
une de ces manières quelconque que les *huit cent trente-neuf
autres manières* ; parce qu'il semblerait, à entendre le *Coup
de grâce*, qu'on prépare l'élève à ce grand travail, qu'on l'instruit spécialement pour cet objet, qu'on lui demande :
« *Savez-vous vos huit cent quarante manières?* » tandis que
rien de tout cela n'a la moindre importance, que rien de tout

1. Nous prenons la liberté d'emprunter cette forme à Molière. (*Ma-
lade imaginaire*, scène 1.)

cela n'existe. On lit, on chante *tonique* et *dominante* dans toutes les *manières*, comme on lit, comme on chante toutes les gammes indifféremment, facilement, et sans se préoccuper en aucune façon du grand numérotage imaginé par M. Chevé. De ce qu'avec dix chiffres on écrit une infinité de nombres, s'ensuit-il qu'il faille une étude spéciale pour la lecture de chacun de ces nombres?

En vérité, il y a des puérilités auxquelles on ne saurait répondre, et on est exposé, dans ce monde, à se heurter à tant de faux-savoir, à tant d'argumentations qui n'ont aucune raison d'être, que la meilleure volonté de discuter sérieusement se trouve découragée.

Voilà donc les sept grosses monstruosités! Y a-t-il dans toutes ces misères quelque chose qui soit digne d'un esprit sérieux? N'est-il pas visible que tout cela, à commencer par le mot « monstruosité, » si ridiculement appliqué, n'a été inventé que pour effrayer les timides, troubler les faibles, étourdir les ignorants, jeter de la poudre aux yeux des honnêtes gens qui n'ont ni le loisir d'approfondir ces matières, ni la volonté d'entrer dans d'insupportables discussions?

Dans les écoles d'Italie, de France, d'Allemagne, de Belgique, l'enseignement, depuis les premiers éléments de la lecture jusqu'aux études de la composition, s'est toujours transmis, se transmet toujours par la notation usuelle. Les hommes les plus compétents, qui avaient la science de la musique, qui en avaient l'instinct et le génie, des hommes tels que Durante et ses successeurs; Rameau, Méhul, Cherubini; les Bach, Godefroy Weber, l'abbé Vogler; les maîtres belges et M. Fétis, et tant d'autres grands musiciens, dans la longue pratique de leur enseignement, ont constamment employé cette notation. Ils *abrutissaient* ainsi à qui mieux mieux leurs élèves qui devenaient des maîtres! Ils ne voyaient pas DES MONSTRUOSITÉS!

Mais le docteur Chevé est venu ; plus savant, plus instruit des besoins de la musique, plus soucieux de ses intérêts, plus éclairé que les chefs d'école que nous venons de nommer, il a sur-le-champ découvert les énormités qui avaient échappé à ces pauvres gens.

Hâtons-nous de ramener cette discussion à ses premiers termes. La notation usuelle se prête merveilleusement à la manifestation claire et précise des idées musicales les plus simples comme les plus compliquées.

Elle est universellement pratiquée, les compositeurs l'emploient, et les petits enfants la lisent.

Il faut donc en conclure que, loin d'être imbécile, monstrueuse, etc., elle est au contraire l'expression fidèle et intelligente de tous les besoins de l'art, qu'elle remplit complétement sa destination, qu'elle est aussi parfaite qu'il est donné aux choses humaines de l'être.

Examinons maintenant la notation en chiffres, opposée, comparée, préférée par M. Chevé à la notation universelle.

IV.

ARGUMENTS DE M. LE DOCTEUR CHEVÉ

EN FAVEUR DE LA NOTATION EN CHIFFRES.

M. Chevé avait dit : La notation moderne est pleine de vie, je l'anéantirai d'un mot ; je lui dirai : *Stupide routine!*

De même il a dit : La notation en chiffres est vieille comme

le monde, elle est morte ; je l'appellerai l'*idée nouvelle* [1],
la *science nouvelle*, l'*école nouvelle*.

Et il a bien fait.

Supposons pour un moment que M. le docteur Chevé ait
réuni ses disciples, et qu'il leur ait dit :

« Mes amis, autrefois, dans l'antiquité, chez les Grecs, on
écrivait la musique à l'aide des caractères de l'alphabet ; au
VIe siècle de l'ère chrétienne, le pape saint Grégoire substitua
aux lettres de l'alphabet grec les lettres de l'alphabet romain.
Puis vint le goût des ornements, des roulades, des *fioritures* ;
l'alphabet ne s'y prêta pas. Alors chaque peuple eut sa notation : il y eut la notation celtique, la notation saxonne, la notation lombarde, les *neumes*, etc., etc., voyez quelle confusion !
Jugez de la peine que devaient avoir à se comprendre les
pauvres musiciens de ce temps ! Quand le désordre fut à son
comble, on dit qu'un moine toscan, nommé Guido d'Arezzo,
imagina un système très-simple, très-bien entendu, qui mit fin
à cette anarchie. Il inventa, ou à peu près, la portée, les notes,
les clefs ; et toutes les notations disparurent devant cette écriture qui est le germe de la notation usuelle, adoptée partout
aujourd'hui. Vous concevez que cet état de choses ne peut
durer, qu'il est urgent d'anéantir cette stupide routine et de
recommencer le désordre. Personne ne se plaint, les musiciens
paraissent même très-satisfaits, ils écrivent, ils lisent, ils
chantent, ils jouent de tous les instruments, ils composent
des chansons, des duos, des trios, des opéras, des symphonies, toujours à l'aide de cette écriture, qui est lue partout.
Mais qu'ont à faire les musiciens dans cette question ? En quoi
tout cela les concerne-t-il ? Je les trouverais bien plaisants de

---

1. Voyez tous les écrits de M. Chevé.

venir donner leur avis, ils n'y entendent rien. Qu'ils comprennent, à la fin, qu'à ceux qui ne savent pas la musique appartient exclusivement le droit de l'enseigner. Nous allons donc retourner à la notation naïve des premiers âges; seulement, au lieu de dire A , B , C , D , E , F , G , comme le pape saint Grégoire, nous dirons 1 , 2 , 3 , 4 , 5 , 6 , 7 , comme J.-J. Rousseau, comme avant lui le P. Souhaitty [1], comme bien d'autres avant eux. Je sais qu'ils n'ont pas réussi ! Je sais que J.-J. Rousseau, peu persévérant, désavoua sa tentative lorsqu'il eut étudié la musique ! Et cependant, en vérité, que le succès lui eût été facile ! Il y avait peu de musiciens, peu d'opéras, peu de musique en circulation, partant moins d'obstacles; mais qu'importe? Rousseau n'était qu'un maladroit, et je suis plus habile que lui ! »

Il est évident que M. Chevé n'a pu tenir ce langage. S'il avait parlé ainsi, quelle que soit la confiance qu'il inspire, il est probable qu'il n'eût pas rencontré beaucoup d'adhérents. Il n'a donc pas dit cela, il a dit tout simplement : « *Je suis l'apôtre de l'idée nouvelle!* » Et cela est tout différent, cela est bien mieux, cela supprime les discussions, les faits, l'histoire de l'art. En outre, l'expression est heureuse, elle est mystique, elle répand une odeur de martyre, et l'on se représente sur-le-champ M. Chevé livré aux bêtes féroces de toutes les commissions.

M. Chevé a donc présenté à tous « *l'idée nouvelle* », c'est-à-dire la vieille notation en chiffres. Mais il a deux manières de l'offrir, selon l'heure et selon les gens.

Tantôt le chiffre est un dictame souverain, appelé à guérir toutes les *monstruosités*. Destiné dans un avenir prochain à

1. Jésuite, qui, environ soixante ans avant J.-J. Rousseau. proposa la notation en chiffres.

remplacer la notation usuelle, il s'établira sur les ruines de toutes les clefs.

Mais ceci n'est que pour les intimes, les purs, les initiés; c'est la vraie pensée, l'espoir secret du maître.

Tantôt, devenue plus humble, la notation de M. Chevé prétend seulement aplanir le chemin de la *stupide routine* ; elle se fait petite et se contente de peu : ce n'est plus qu'un procédé, une simplification, une facilité dédiée aux pauvres d'esprit, aux faibles et aux impatients.

Ceci est à l'adresse des timides qu'on veut encourager, des incertains qu'il faut entraîner : c'est le langage convenu entre les forts. le nuage où se cache le Dieu.

Dans le premier cas, la notation en chiffres est bonne à tout : partitions d'opéras, de symphonie[1], elle écrira tout, la lira qui pourra!

Dans le second cas, on la déclare bonne seulement à la transcription des parties vocales et des instruments que M. Chevé appelle *solinotes*[2].

Dans la réalité, elle n'est bonne à rien.

Et en effet, quel office peut remplir la notation en chiffres?

---

1. *Coup de grâce*, p. 42 et 43. « C'est ici que la commission joue de malheur et qu'elle paie cher la faute de parler d'une chose qu'elle ne connaît pas... *La partition écrite en chiffres* (même en y comprenant *le violon et tous les instruments de la même famille*), est une chose lisible à première vue pour tous ceux qui veulent s'occuper un peu sérieusement de notre écriture.... Que la commission demande à tous ceux qui ont pris la peine d'étudier la question, tous répondront unanimement : *Le chiffre est cent fois supérieur à la portée, même pour la partition.* » On lira tout à l'heure d'autres déclarations de M. Chevé.

2. Ceux qui ne peuvent produire qu'un son à la fois, c'est-à-dire la flûte. le hautbois, la clarinette, le basson, le cor, la trompette, le trombone, les timbales, le triangle, le tambour.

Peut-elle devenir notation universelle?

Peut-on raisonnablement supposer que les musiciens de tous les pays vont s'entendre, vont conspirer pour changer une bonne chose bien établie, qui fonctionne bien? Pourquoi? dans quel but?

Mais admettons pour un moment que M. Chevé en vienne à ses fins. La notation actuelle se meurt, elle est morte. La notation de M. Chevé règne et gouverne, elle triomphe. Alors la musique se couvre de ténèbres, et ces belles partitions, d'où s'exhalent de si charmantes mélodies, des harmonies si puissantes, *D. Giovanni*, *il Matrimonio segreto*, *le Nozze di Figaro*, *il Barbiere*, *Otello*, *la Dame blanche*, *Robert le Diable*, *les Huguenots*, *Guillaume Tell*, ne seront bientôt plus que des sépulcres couverts de signes oubliés.

Nous espérons que le bon sens public nous épargnera de si cruels soucis; nous croyons fermement que la notation en chiffres n'a pas la moindre chance de remplacer l'écriture actuelle dans ses fonctions de notation universelle.

Voilà donc la notation en chiffres réduite à des applications particulières, privées.

Elle ne peut donc, elle ne doit donc pas, chez un peuple ami des arts, qui a de la logique dans l'esprit, être appelée à servir de base à un enseignement public. C'est pourquoi ceux qui sont obligés, par devoir, de surveiller l'enseignement de la musique, se sont toujours opposés à ce que la notation en chiffres se glissât, par quelque moyen que ce fût, d'une manière ou de l'autre, pour beaucoup ou pour peu, dans les études musicales. Un enseignement public doit être fondé sur des principes généraux, partout admis et respectés, et il en est ainsi pour tous les genres d'enseignement. Ils n'ont donc pas pensé qu'il leur fût permis de donner un mauvais exemple, d'autoriser une doctrine qui est un dissolvant, puisque tous ses efforts tendent à détruire une langue commune, lien précieux dans l'exercice d'un art qui a besoin du concours d'un grand nombre d'intelligences et de volontés ; une doctrine qui ne procède que par hyperboles, qui s'appuie sur des assertions gratuites ; une doctrine inhabile à créer comme à détruire, et qui n'a de raison d'être que dans la satisfaction d'amours-propres particuliers.

Il faut donc que M. le docteur Chevé le sache bien, nous n'avons contre lui aucune animosité personnelle. En repoussant ses prétendues doctrines, on a donné des raisons [1]. Il a répondu avec une merveilleuse facilité par l'insulte et par l'injure.

Continuons l'examen des applications possibles de la notation en chiffres.

Elle ne peut aspirer à l'adoption universelle. Peut-elle servir à écrire la partition ?

Nous avons cité le *Coup de grâce*. On a vu que dans la page 42, M. Chevé affirme que « *la partition écrite en chiffres* (même en y comprenant le violon et tous les instruments de la même famille) est une chose lisible à *première vue* ; » et dans la page 43, que « *le chiffre est cent fois supérieur à la portée, même pour la partition.* »

Il faudrait discuter longuement avec M. Chevé pour lui prouver le contraire, s'il ne prenait lui-même le soin de nous dispenser de toute discussion à cet égard ; il ne s'agit que de tourner deux pages ; lisons la page 41 [2].

1. Voyez le rapport de **M. Gustave Héquet**. Voyez aussi le Mémoire adressé à l'Académie de Rouen, le 26 avril 1850, par M. Martin de Villiers, amateur instruit et distingué, joint au rapport de M. Héquet.

2. 38ᵉ *Lettre* de M. Chevé, publiée dans le journal *la Musique* du 7 juillet 1850, citée par M. Chevé dans le *Coup de grâce*, p. 39, 40, 41, etc.

« *Quant aux instruments à cordes ou à vent qui donnent
plusieurs sons à la fois, violon, violoncelle, piano, orgue,
harmonium, etc., le chiffre ne leur convient pas du tout ; il
est absolument mauvais.* »

C'est M. Chevé qui dit cela, *Coup de grâce*, page 41.

Comment donc le chiffre, qui ne « *convient pas du tout à
ces instruments, qui est absolument mauvais,* » peut-il être
« *cent fois supérieur à la portée pour la partition* » dans
laquelle le violon, le violoncelle et l'alto qui est dans les
mêmes conditions, c'est-à-dire « tous les instruments de la
même famille, » occupent la place la plus considérable ? Si le
chiffre est « *absolument mauvais* » pour ces instruments iso-
lés, n'est-il pas cent fois plus *absolument mauvais* pour la
partition où ils sont constamment réunis et groupés ? et comment une « chose » écrite en chiffres absolument mauvais
peut-elle être « une chose lisible à première vue » ?

La question est donc entièrement jugée par la 38ᵉ *Lettre* de
M. Chevé, citée dans la page 41 du *Coup de grâce*, laquelle
réfute de la manière la plus victorieuse la page 43. Nous sommes cette fois de l'avis de M. Chevé, si nettement exprimé. Oui,
le chiffre est « *absolument mauvais* » pour le violon, l'alto, le
violoncelle, et, *à fortiori*, pour la partition. N'en parlons donc
plus pour cet usage, non plus que pour la notation universelle.

Remarquons bien que dans le passage que nous venons de
citer, l'application au « *piano, à l'orgue, à l'harmonium,* » se
trouve jugée du même coup. Le chiffre « *ne leur convient pas
du tout, il est absolument mauvais,* » et M. Chevé explique
très-bien pourquoi[1].

______

1. *Coup de grâce.* p. 41. « Voilà pourquoi le chiffre ne convient pas
comme écriture du piano, de l'orgue, etc., dit encore M. Chevé, c'est

Voyez combien M. Chevé nous aide dans le déblaiement de ces questions :

Pour le violon, le violoncelle, l'alto,
le chiffre   « absolument mauvais. »

Pour la partition, *à fortiori*,   « absolument mauvais. »

Pour le piano, l'orgue, l'harmonium, « absolument mauvais. »

Et, *à fortiori* encore pour la nota-
tion générale et universelle,   « absolument mauvais. »

Que reste-t-il donc pour le chiffre ?

La transcription pour les instruments que M. Chevé appelle « *solinotes* » et la transcription pour les parties vocales.

Admettons que le chiffre soit généralement adopté pour les *solinotes*, il y aura donc deux écritures, et il faudra que l'élève de M. Chevé, s'il veut étudier un des instruments auxquels le chiffre ne peut être applicable, et ce sont les plus usités,

qu'il offre un inconvénient très-grave. Que le pianiste ne frappe qu'une seule note à la fois, qu'il en frappe deux, quatre, huit, etc., les deux parties occupant toujours la même place sur le papier, son œil voit toujours ces deux grands chemins sur lesquels il cherche ses notes ; qu'il y en ait peu, qu'il y en ait beaucoup, les deux parties sont toujours là, et l'écriture offre un aspect assez régulier. » (M. Chevé aurait pu dire : « sur lesquels il *trouve* ses notes, et un aspect *parfaitement* régulier. ») « Mais pour le chiffre, continue M. Chevé, il n'en est pas de même ; selon que le compositeur veut faire entendre un son seul, ou plusieurs sons simultanés, il faut une seule ligne de chiffres, ou il en faut plusieurs ; quelquefois quatre, six, huit ou plus. Si le nombre des parties était toujours le même, la chose pourrait encore se faire à *la rigueur ;* on mettrait autant de lignes qu'il y aurait de parties. Mais le piano ne procède pas de cette dernière façon : après un son isolé, il en frappe quatre, cinq, six, etc., il en résulte qu'avec le chiffre, le lecteur aurait tantôt deux lignes d'écriture, tantôt trois, tantôt quatre, tantôt six, etc., ce qui rendrait l'*écriture absolument illisible.* » — N'oublions pas que dans tout ce passage, il s'agit de l'écriture en chiffres ; mais comment concilier cette opinion, si bien raisonnée, avec la *troisième monstruosité ?*

apprenne à lire la musique de tout le monde. Mais M. Chevé
dit que l'élève sorti de ses mains lit parfaitement la notation
usuelle. Tant mieux, nous nous plaisons à le croire, cela peut
être, mais cela peut aussi ne pas être. On verra plus loin [1]
qu'à cet égard le doute est au moins autorisé. Au reste, il est
tout simple qu'un élève de M. Chevé, comme de tout autre
professeur, lise la notation usuelle, quand il a appris à la lire.

Mais de quel droit le docte professeur accable-t-il d'invectives cette notation, et comment peut-il la déclarer imbécile,
antilogique, monstrueuse, et le reste, alors qu'il la reconnaît
propre à toutes sortes d'applications indispensables à l'exercice de l'art, pour lesquelles la sienne, de son aveu, est « absolument mauvaise ? » Et pourquoi donc exalter sans cesse
l'écriture en chiffres, alors qu'on est contraint d'avouer son
impuissance absolue à se conformer aux pratiques les plus
générales, les plus usitées, les plus nécessaires ? De quel côté
est la logique, nous osons dire aussi la vérité ? Et que
dirait M. Chevé de son écriture, si elle était nôtre ?

Ainsi, cela est bien entendu, la notation en chiffres est
réduite à une simple transcription pour les parties vocales et
pour quelques instruments *solistes*. Il y a deux notations [2] et
celle que M. Chevé préfère est le vestibule de l'autre.

1. Voyez-plus loin, p. 55, un passage d'une lettre de M. le comte
Sollohub.

2. M. Chevé dit, p. 46 du *Coup de grâce* qui est un vaste répertoire :
« Répondrai-je à cette niaiserie *de temps perdu à apprendre deux écritures au lieu d'une ?* Le mathématicien en apprend bien trois, celle de
l'arithmétique, celle de la géométrie et celle de l'algèbre, parce qu'il a trois
ordres d'idées distinctes à rendre ; a-t-il tort ou raison ? » Certes, le mathématicien a grandement raison, parce qu'il a, comme le dit M. Chevé, *trois
ordres d'idées distinctes à rendre*, et que l'écriture de l'arithmétique ne
suffit ni à l'algèbre ni à la géométrie, et que celle de l'algèbre ne suffit

Oui, voilà tout, et c'est pour cela qu'on fait tant de bruit et qu'on dit tant d'injures à d'honnêtes gens. C'est pour l'honneur de ce pauvre résultat que l'on cherche à élever un prétendu système, réduit à de si minces proportions, à la hauteur des grandes découvertes qui honorent un siècle, et qu'on a le courage de s'écrier :

« Si on jette un coup d'œil sur les destinées des diverses nations, on recule d'épouvante, et l'on élève alors la voix pour défendre les droits de la raison et de l'humanité. »

Il faut être modeste, et ne pas grossir les petites questions. Il faut rester dans les limites du simple et du vrai, et reconnaître que l'auteur illustre[1] des paroles dont on s'est emparé un peu légèrement, il nous semble, ne pensait, en les écrivant, à rien moins qu'à la notation musicale. Si on *recule d'épouvante*, c'est devant l'audace raisonnée de certaines exagérations. Les *destinées des nations* ne sont pas compromises par une leçon de solfége, et on ne défend pas les *droits de l'humanité* parce qu'on dit *seu* et *len*[2], *ta-fa* et *té-fé*[3].

---

pas à la géométrie. Mais le musicien n'a *qu'un ordre d'idées à rendre*, et son écriture suffit complètement, parfaitement à cet *ordre d'idées*. Il y a lieu de s'étonner qu'un savant, à la fois professeur de mathématiques et de musique, ait pu écrire une phrase si étrange. Si le mathématicien a raison d'apprendre *trois écritures dont il a besoin*, le musicien aurait grand tort d'en apprendre *deux, au lieu d'une* qui lui suffit ; ce serait évidemment du *temps perdu*, et c'est la seule conclusion qu'on puisse tirer de la proposition de M. Chevé. — Cela n'empêche pas M. Chevé de s'écrier : « Il est pénible de voir des hommes graves descendre à des arguments d'écolier. »

1. Le prince Louis-Napoléon, aujourd'hui Napoléon III. Les paroles citées servent d'épigraphe au *Dernier mot de la science officielle*, de M. Chevé.

2. Nom de certaines notes dans la méthode de M. Chevé.

3. *Ta-fa, té-fé*, cela signifie : un, deux, trois, quatre, dans ce que M. Chevé appelle sa *langue des durées*. « Galin, dit M. Chevé, disait : un, deux, trois, quatre, mais nous disons *ta fa, té-fé*. »

Résumons ce chapitre.

Nous avons vu les différents emplois pour lesquels M. Chevé déclare la notation en chiffres absolument mauvaise.

Dans le seul emploi qui lui reste et que lui assigne M. Chevé lui-même, c'est-à-dire la transcription pour les instruments *solinotes* et pour les parties vocales, tout ce que le chiffre peut faire, la notation usuelle le fait, et le fait mieux, d'une manière plus conforme à la vérité, parce qu'elle parle aux yeux [1] et qu'elle est l'expression complète, l'image fidèle des idées qu'elle est appelée à représenter.

La notation en chiffres n'est donc bonne à rien.

Et non-seulement elle n'est bonne à rien, par cela même qu'elle est incomplète et impuissante, mais elle est nuisible, parce qu'elle entraîne forcément à sa suite, comme corollaires inévitables, des vices que nous allons signaler. Et cela est tout simple, cette vieille notation n'ayant pas été faite pour les besoins de l'art moderne.

Nous examinerons aussi les autres parties de l'enseignement de M. Chevé.

---

1. C'est un grand avantage, souvent remarqué, de la notation usuelle : elle dessine la mélodie, elle peint le son, elle le suit dans sa marche vers l'aigu ou vers le grave. Une gamme ascendante s'élève pour l'œil comme pour l'oreille. L'œil embrasse la ligne tracée et se trouve averti d'avance du chemin que la voix ou les doigts auront à parcourir. Ce que dit M. Chevé de la musique de piano, du *grand chemin* sur lequel l'œil cherche (et trouve) ses notes, est parfaitement bien dit, et s'applique très-bien à l'écriture musicale en général. Cette propriété de la notation, signalée à J.-J. Rousseau par Rameau, fut appréciée par Rousseau. Ce fut une des principales raisons qui le déterminèrent à abandonner la notation en chiffres. (Voyez les *Confessions*, livres 6 et 7.)

V.

PRINCIPE VICIEUX DE LA NOTATION EN CHIFFRES.
PRATIQUES VICIEUSES QUI EN RÉSULTENT. — LA TRANSPOSITION.
LES MODULATIONS.

L'enseignement de M. Chevé est fondé sur ce principe :
*Application constante du même signe à des sonorités diffé-
rentes.*

En effet, chacun des signes qu'il emploie exprime, nous
l'avons déjà dit [1], « tous les échelons de la gamme enharmonique. » Les chiffres 1, ou 2, ou 3, ou 4, etc., expriment aussi
bien, ou aussi mal : *ut, ut dièse, ré, mi bémol, fa, fa dièse,*
que tout autre son musical.

La notation usuelle a pour base un principe tout contraire :
Un signe différent pour chaque sonorité différente.

Cette notation, nous l'avons dit aussi, représente exactement à la vue ce que la voix, l'instrument ou l'orchestre fait
entendre à l'oreille et à l'intelligence. Elle offre un système
complet qui donne entière satisfaction à toutes les applications
possibles de l'art, aux pratiques les plus élémentaires, comme
aux conceptions les plus élevées [2].

Nous avons vu tout à l'heure à quel usage borné M. Chevé

1. Voyez plus haut, p. 11 (réponse à la première monstruosité).

2. La notation usuelle offre, en effet, un système très-remarquable,
complet, souple, perfectible. Elle est phonétique, elle écrit le *son ;* figura-
rative, elle dessine le contour de la mélodie ; idéologique, elle exprime la
durée. Une clef suffit à la voix, à l'instrument. Au moyen des deux clefs
principales, elle écrit sur *deux grands chemins*, que l'œil parcourt facilement, tous les degrés de l'échelle musicale, qui a reçu un si grand

lui-même réduit l'emploi de l'écriture en chiffres. Eh bien, même pour un usage si restreint, cette écriture est vague et indéterminée dans son application.

Jamais le signe employé ne représente un son défini.

Dans l'écriture en chiffres, le signe 1 n'est qu'un symbole. Il représente la première note de toutes les gammes majeures, et cette première note, M. Chevé l'appelle toujours *ut* [1].

Mais si le morceau qu'il s'agit de chanter est dans *le ton de*

développement dans le piano, dans l'orgue, dans l'orchestre. Dans la partition, image de l'orchestre, elle assigne à chaque instrument sa place, et lui fait sa part dans la grande famille des sons. Très-claire pour la mélodie, elle convient aussi éminemment à l'harmonie, puisqu'une seule portée reçoit des groupes de sons destinés à être exécutés simultanément, et dont l'aspect frappe la vue, de la même façon que l'effet produit frappe l'oreille . tandis que le chiffre se refuse absolument à la formation de groupes semblables, M. Chevé le reconnaît. Comme elle est très-flexible, elle a suivi tous les mouvements de l'art, se simplifiant constamment, et abandonnant, dès qu'il le fallait, les pratiques devenues inutiles, des clefs, des formes de notes, des systèmes de mesures très compliqués. La notation que M. Chevé représente toujours, dans tous ses écrits, comme un monstre, comme un sphinx qui propose des énigmes et qui abrutit ceux qui les devinent, est fondée sur un principe très-clair et très-intelligible. Elle vit, parce qu'elle est née perfectible; aussi son propre fonds lui a toujours suffi, elle ne doit rien qu'à elle-même. Une preuve frappante de de sa bonté, c'est que tous les systèmes de notation peuvent être traduits sur la portée, tandis que le contraire serait impossible.

1. Pourquoi *ut?* Nous n'en savons rien. Est-ce une simple concession à l'usage? M. Chevé commence ainsi son enseignement (*Méth. élém.*, p. 32) : « Dans nos exercices (dit-il avec le langage qu'il lui plaît de parler), on n'a nul besoin de se préoccuper *de la hauteur à laquelle il faut prendre l'*UT *de départ.* » Cela veut dire qu'on peut donner aux notes tel son qu'on choisira, sans souci de la note représentée et du son que lui assignent le diapason et les instruments. Mais pourquoi nommer *ut* un signe indéterminé qui n'est pas plus *ut* que *ré* ou *mi*, pourquoi ne pas dire le 1 de départ?

sol, ce chiffre 1 représentera la note *sol*, et conservera en même temps son nom général de *ut*.

Et s'il convient au maître d'attribuer à la note *sol* le son que le diapason, l'orgue, le piano, que tous les instruments attribuent au *mi*, ou au *fa*, etc., le chiffre 1, toujours nommé *ut*, représentera la note *sol*, et recevra le son attribué au *mi* ou au *fa* par le diapason et par tous les instruments.

1 représentera donc à la fois *ut* comme première note de toutes les gammes majeures, *sol* comme tonique écrite, *mi* ou *fa* comme sonorité, ou plutôt il ne sera rien qu'un signe indéterminé soumis à l'interprétation du maître.

Car M. Chevé écrit au début d'un morceau : ceci est en *ré*, ou en *fa*, ou en *la bémol* : ce qui veut dire : Ici 1 (qui se nommera toujours *ut*) représente *ré*, ou *fa*, ou *la bémol*. Et il agit en cela comme le peintre malhabile obligé d'écrire à côté de ses images : ceci est un cheval, ceci est un arbre, ceci une fontaine, etc. M. Chevé n'a perfectionné en rien le pauvre système deux fois abandonné du P. Souhaitty et de J.-J. Rousseau. Il n'a rien ajouté à ce système, si ce n'est les injures dont il est prodigue.

Et encore, nous ne comprenons pas pourquoi M. Chevé prend la peine d'écrire ces indications. A quoi bon ? puisqu'il prescrit d'attribuer à ses chiffres le son qui convient au lecteur, sans nul souci de la sincérité de l'appellation, de la vérité de l'intonation, de la sonorité fixe, régulière, partout admise, du diapason et des instruments.

Remarquez que cette liberté, cette licence peut très-bien se pratiquer avec la notation usuelle. Ce n'est pas une invention de M. Chevé ; rien n'empêche, quelle que soit l'écriture employée, de nommer *ut*, et de chanter *la* ou *fa*. Mais dans notre enseignement, on n'a pas cette indifférence superbe. On crain-

drait, en agissant ainsi, de dénaturer, de détruire le sentiment
de l'intonation régulière, celui de l'appréciation des tonalités
diverses. L'oreille du musicien, comme l'œil du peintre, a
besoin d'une sensibilité exquise. Nous ne voudrions pas que
notre enseignement, trop peu scrupuleux, altérât cette sensibilité, se fît une loi, bien plus, un mérite de détruire une
faculté de discernement, une délicatesse qui est une supériorité.

Si un morceau de musique ne *modulait* pas, s'il restait toujours dans la même gamme, le système de notation chiffrée
pourrait encore, jusqu'à un certain point, chercher à se défendre. — 1 conserverait sa fonction initiale pendant toute la durée
du morceau. Mais où surgissent de sérieux embarras auxquels
la méthode de M. Chevé n'apporte aucune solution (du moins,
malgré nos recherches et nos efforts, l'avons-nous trouvée
muette à cet égard), c'est dans la transcription, même pour
une seule partie vocale, des modulations qui se succèdent dans
le cours d'un morceau. Lorsque ces modulations sont fréquentes,
voyez à combien d'évolutions doit se livrer le chiffre 1 destiné
à être toujours tête de colonne ! et lorsque ces modulations
sont rapides, lorsqu'elles viennent en éclair (c'est M. Chevé
qui a inventé cette métaphore), quel désordre, quel tumulte,
quelle confusion ! Comment le chiffre 1 va-t-il retrouver sa
nouvelle tête de colonne ? A quel moment précis s'opérera le
changement ? A quel moment précis cesse-t-il d'appartenir à
une tonalité pour entrer dans une autre ? Comment le lecteur
pourra-t-il saisir ce moment ? En d'autres termes, comment
indiquer d'une façon nette et positive, pour l'écrivain comme
pour le lecteur, l'instant où le *cheval* devient *arbre*, et l'*arbre*, *fontaine* ?

Ces difficultés sont encore bien plus grandes, et deviennent

tout à fait insurmontables, lorsqu'il s'agit de transitions enharmoniques.

Aucune de ces difficultés n'existe dans la notation usuelle ;
elle écrit toutes ces choses avec limpidité, et toutes ces choses
sont lues sans confusion. Tout lui est facile, parce qu'elle est
vraie.

Et parce que les transitions enharmoniques ne peuvent être
exprimées avec sécurité dans la notation chiffrée, M. Chevé est
conduit à nier ce qu'il ne saurait empêcher d'être : l'ENHAR-
MONIE, c'est-à-dire la *synonymie* des sons, agent fécond, varié,
puissant, sans lequel la musique moderne n'existerait pas.

Et, pour être conséquent avec lui-même, M. Chevé doit se
déclarer l'adversaire du *système tempéré*, partout pratiqué,
seul praticable, parce qu'il est la seule expression possible des
richesses de l'enharmonie.

Nous avons abordé ce sujet, nous n'y reviendrons pas.

Mais nous demanderons au savant professeur ce qu'on pourrait attendre d'une résistance au système tempéré. Brisera-
t-on tous les pianos, toutes les orgues répandues dans le monde
entier, parce qu'ils sont construits et accordés suivant ce
système [1] ? Changera-t-on l'accord des orchestres ? Suppri-

---

1. M. Chevé ne peut ignorer qu'à diverses reprises on a essayé de construire des pianos sur lesquels la *synonymie* était supprimée ; l'*ut dièse*,
le *ré bémol*, etc., avaient chacun leur touche spéciale. Ces tentatives
sont mortes de leur belle mort, précisément parce que les instruments
produits, étant en dehors du système tempéré, ne pouvaient trouver aucun
emploi. — M. Chevé dit que l'*ut double-dièse* (qu'on n'emploie guère)
est plus aigu que le *mi double-bémol* (qu'on n'emploie pas davantage). A
ce compte, il faudrait cinq touches pour chaque note, puisqu'une note peut
être naturelle, bémol, double-bémol, dièse, double-dièse. Mais qu'on se
rassure, les deux notes citées par M. Chevé sont synonymes. Elles expriment toutes deux le *ré*. Cela est ainsi.

mera-t-on la musique de Gluck, de Mozart, de Beethoven, de Spontini, de Meyerbeer, de Rossini?

Et en raison de l'insuffisance de sa notation, M. Chevé est contraint de revenir à de vieilles théories usées par le temps et que l'expérience a condamnées, aux *nuances* [1], à la transposition obligée. Et lorsqu'il faudrait, pour rendre ses pratiques plus complètes, rendre la vie au *comma*, au *limma*, à l'*apotome*, il affirme que nous en sommes à la *basse enfance* de l'art.

Il faut donc constater ce fait : que M. Chevé est obligé de méconnaître ou de nier tout ce que sa notation rétrograde est impuissante à exprimer.

Si nous osions, nous appliquerions à un musicien attardé de cette sorte (s'il en existait un autre que M. le docteur Chevé), ce que dit M. Diafoirus de son fils. Molière est toujours de bonne prise, et on peut le citer, à ce qu'il nous semble, sans blesser personne :

« Il est ferme dans la dispute, fort comme un Turc sur ses principes, ne démord jamais de son opinion, et poursuit un raisonnement jusque dans les derniers recoins de la logique. Mais, sur toute chose, ce qui me plaît en lui, c'est qu'il s'attache aveuglément aux opinions de nos anciens, et que jamais il n'a voulu comprendre les raisons et les expériences des prétendues découvertes de notre siècle touchant la circulation du sang et autres opinions de même farine. »

Otez la *circulation du sang*, ce petit discours serait parfaitement de circonstance.

---

1. Les *nuances* faisaient partie d'un système de solmisation abandonné depuis un siècle. Dans ce système, comme dans celui de M. Chevé, la tonique se nommait toujours *ut*, le demi-ton toujours *mi-fa*. A chaque modulation, la *nuance* s'opérait, et la tonique nouvelle prenait le nom d'*ut*.

VI.

SUITE DES PRATIQUES VICIEUSES DE LA NOTATION EN CHIFFRES.
LE MODE MINEUR. — LE BÉCARRE.

Nous allons continuer cet examen, et montrer un autre exemple, non moins fâcheux, à notre avis, de la persévérance de M. Chevé à ne jamais séparer le nom *ut* du chiffre 1. Décidément, le savant docteur a voué le 1 à l'*ut*, comme une mère tendre a voué au blanc l'enfant qui lui donne quelque inquiétude.

1, de par M. Chevé, se nomme donc *ut*, toujours *ut*, jamais autrement que *ut*.

De sorte que dans la transcription du mode mineur, dont le modèle est la gamme de *la* mineur, 1, resté *ut*, représente le troisième degré de cette gamme, et dans toutes les gammes mineures, 1 représente toujours un troisième degré.

Mais 1, en vertu d'un autre principe très-raisonnable de la notation chiffrée, doit toujours représenter le premier degré d'une gamme.

1 a dû se trouver très-embarrassé entre ces deux principes. Le maître a tranché la question. 1, dans le mode mineur, a été déclaré déchu, il n'est plus que 3, il s'appelle *trois*.

Voici comment M. Chevé explique cette déchéance:

Il commence par déclarer « que faire autrement que lui serait faire une immense ânerie, une lourde faute. »

Ceci posé, il veut bien ajouter : que le son *la* étant le sixième degré de la gamme d'*ut*, modèle des tons majeurs, il laissera toujours à cette note *la* le chiffre 6 qui la caractérise dans la gamme d'*ut* ; qu'il l'appellera 6, qu'il l'écrira 6, même lorsqu'elle deviendra 1 , c'est-à-dire première note de la gamme mineure de *la*.

Et la gamme mineure, de par M. Chevé, s'écrira de cette façon : 6, 7, 1, 2, 3, 4, 5.

Et *six* sera *un*, *un* sera *trois*, *trois* sera *cinq*, *cinq* sera *sept*, etc.

Pourquoi ? comment M. Chevé n'a-t-il pas imaginé un moyen de désigner la note *la* par le chiffre 1 qui lui appartient nécessairement alors qu'elle devient première note d'une gamme, et *tête de colonne* ?

M. Chevé répond : le son *la* est toujours la *sixte*, la sixième note d'*ut majeur*, même lorsqu'il est *tonique*, première note de *la mineur*.

C'est une erreur. Cet arrangement peut convenir à la doctrine du professeur, mais il est manifestement contraire à la réalité. Lorsque le son *la* devient tonique de *la mineur*, il cesse à l'instant même d'être *sixte* de la gamme d'*ut majeur*. Il ne peut réunir les deux fonctions. Il remplit l'une ou l'autre, non l'une et l'autre. Il ne peut être désigné par le chiffre qui indique la sixième place, lorsqu'il occupe la première. Le chiffre 1 lui appartient alors de droit.

De même, M. Chevé indique par le chiffre 5, barré de gauche à droite, le *sol dièse, note sensible*, c'est-à-dire *septième* note de la gamme de *la :* par cette seule raison que le *sol* est désigné par le chiffre 5 dans la gamme d'*ut*, où il occupe la cinquième place.

La réponse sera la même. Dès que le *sol* apparaît comme *note sensible* de *la mineur*, il cesse d'être *quinte*, cinquième note d'*ut*. Il doit être représenté par le chiffre 7. La gamme mineure devrait donc, comme la gamme majeure, être exprimée par les chiffres : 1, 2, 3, 4, 5, 6, 7, qui assigneraient aux sons dont elle se compose la place qu'ils occupent réellement ; il resterait à indiquer, par des formules convenables, qu'il s'agit d'une gamme mineure.

Dans la notation usuelle, aucun désordre de ce genre n'existe et ne peut exister. Dans la notation chiffrée au contraire, tout est arcane et subtilité. Et pourquoi recourir sans cesse à des subtilités, lorsqu'il existe une écriture qui exprime tout, sans mystère et du premier coup, parce qu'elle est bien pourvue, intelligente, souple et toujours perfectible? Si le chiffre est incomplet, impuissant, c'est qu'il est rétrograde. Comme un serviteur hors d'âge qui ne comprend plus son maître, il déguise ou supprime ce qu'il ne peut exprimer.

En passant en revue les inconvénients graves, les pratiques vicieuses que cette notation engendre nécessairement et par le seul fait de sa présence, en signalant les lacunes qui l'appauvrissent, nous n'avons pas parlé des vices propres de l'écriture même, du peu de sécurité qu'offre au compositeur, au copiste, au lecteur, l'emploi de chiffres disposés sur une ligne horizontale ; chiffres qu'il est très-facile de confondre, qui ne peignent rien, qui ne secondent pas l'intonation. Nous n'avons pas parlé de l'invention malheureuse des barres transversales qui représentent le *dièse*, le *bémol* et le *bécarre*, barres qu'on ne voit pas quand elles sont légères, et qui effacent le chiffre quand elles sont visibles.

Mais nous devons soumettre à M. Chevé les scrupules que fait naître en nous sa théorie du *bécarre*.

VII.

THÉORIE DU BÉCARRE SELON M. CHEVÉ.

POURQUOI M. CHEVÉ NE VEUT PAS QU'ON JUGE SON LIVRE.

Nous avons fait connaître les différentes négations de M. Chevé. Il faut y joindre la négation, la suppression du *bécarre*.

Voici les règles du *bécarre*, inspirées à M. Chevé par son système de transposition constante et forcée [1].

« Si le *bécarre* détruit un *dièse* de l'armure, il signifie : faites un *bémol*.

« Si le *bécarre* détruit un *bémol* de l'armure, il signifie : faites un *dièse*. »

Lorsque l'élève est libéré de la transposition forcée à laquelle l'enchaîne M. Chevé, il lui reste donc dans l'esprit cette notion complétement fausse : que le *bécarre* est tantôt un *dièse*, tantôt un *bémol* ; et lorsqu'il veut appliquer cette notion à la lecture de la musique de tout le monde (et il faut toujours qu'il en vienne là), on doit lui dire :

« Non, on vous a trompé, le *bécarre* n'est ni le *dièse* ni le *bémol* ; il a sa forme propre, son nom, sa fonction ; il rend à une note le son que cette note reçoit dans la gamme d'*ut* ; il détruit le *dièse*, il détruit le *bémol*, en un mot, sans équivoque et sans verbiage, il est le *bécarre*, que vous ne connaissez pas.

« Ainsi donc, lorsque vous verrez un *bécarre*, faites simplement un *bécarre*. Gardez-vous de *faire* un *bémol* ou un *dièse*, comme votre maître l'enseigne, vous chanteriez épouvanta-

1. *Méth. élém.*, p. 133.

blement faux, et le maître lui-même en serait saisi d'horreur. »

Remarquez bien que la conséquence du système de M. Chevé est celle-ci : il n'a pas dans son écriture de signe qui exprime la vraie fonction du *bécarre*. Fidèle aux principes erronés qu'il vient d'émettre, il représente le *bécarre*, tantôt par la barre transversale de droite à gauche, signe du *bémol* dans sa notation, tantôt par la barre de gauche à droite, signe du *dièse*. Il en résulte donc cette étrange et multiple confusion, que le *bécarre* est représenté par deux signes différents, et que chacun de ces deux signes différents, qui expriment la même chose, a deux acceptions différentes, l'un voulant dire *bémol* et *bécarre*, l'autre *dièse* et *bécarre* ; de sorte que 7 barré signifie aussi bien *si bémol* que *fa naturel*, que 5 barré signifie *fa dièse* et *si naturel*. Peut-on mieux enseigner l'erreur et le désordre ? Et M. Chevé n'est-il pas bien venu après cela à signaler sans cesse à l'indignation du monde entier la *confusion* de la notation universelle, qui a un signe pour chaque chose, et un nom pour chaque signe ?

Nous comprenons maintenant pourquoi M. Chevé ne *veut pas* qu'on juge ses livres [1]. Le désordre, le décousu, la confusion, y apparaissent trop manifestes. Il *veut qu'on voie* ses cours [2]. Il professe donc dans ses cours autre chose que ce qu'il enseigne dans ses livres? Si M. le docteur Chevé était professeur d'éloquence, certes, nous irions avec plaisir entendre ses cours, mais *voir des cours!* Quelque agréable à contempler

---

1. « *Septième pièce, qui maintient la proposition de concours, et qui* REFUSE *[sic] positivement de soumettre notre livre au jugement de la commission du chant.* » (*Coup de grâce, p.* 16.) Et page 19 : « *J'ai refusé positivement de soumettre mon livre à la commission du chant* », et ailleurs.

2. *Coup de grâce*, p. 64 et suivantes.

que puisse être la gymnastique d'un professeur, cela ne suffit
pas pour l'appréciation d'une doctrine, il faut connaître les
principes sur lesquels s'appuie la doctrine, et cette connaissance, on ne peut la puiser que dans le livre où elle est expo-
sée. M. Chevé ne *veut pas qu'on juge* son livre. Il ne veut donc
pas qu'on le lise? Car enfin, peut-on s'empêcher de *juger* le
livre qu'on *lit*, de se former une opinion, une conviction? Et
faut-il garder cette opinion pour soi, pour soi seul, l'enfermer
dans le for intérieur, sans oser prendre la liberté de la commu-
niquer à qui que ce soit? N'a-t-on pas le droit de dire, puisqu'on a le droit de le penser : ces arguments sont sérieux ou
ridicules, ce livre est bon ou mauvais, cette méthode est féconde
ou stérile, elle est excellente ou elle pèche par la base? Aurait-
on seulement le droit d'exprimer l'opinion favorable? faut-il
cacher profondément l'opinion contraire? faire un trou dans la
terre, comme le barbier de la fable, dire tout bas aux roseaux
(et nous ne faisons ici aucune allusion à la chose présente) :

Midas, le roi Midas a des oreilles d'âne ?

En vérité, nous ne le pensons pas. Il nous semble d'ailleurs
que M. Chevé a usé largement du droit qu'il nous refuse.

Il faut maintenant que nous défendions l'enseignement
donné dans nos écoles, contre une grosse accusation. Nous
avons déjà parlé de la *durée absolue*, professée, à ce qu'affirme
M. Chevé, dans les conservatoires[1]. Il s'agit à présent de ce
que le savant docteur nomme le *ton absolu*, qu'on enseigne
aussi, à ce qu'il paraît, dans nos écoles et dans tous les conservatoires.

---

1. Voyez plus haut, p. 13, réponse à la quatrième monstruosité.

— 44 —

VIII.

DE CE QUE M. LE DOCTEUR CHEVÉ NOMME LE TON ABSOLU.

C'est une habitude de la discussion de quelques-uns de
prêter à ceux qui leur déplaisent un grand nombre d'absurdités.
La notation est absurde, nous sommes absurdes ; le musicien
est un être absurde, qui marche entouré d'absurdités.

M. Chevé dit gravement [1] : « C'est l'absence de théorie qui
a conduit à enseigner l'intonation par cette *immense absurdité
du ton absolu*. — Qui s'est jamais mis dans l'idée d'imaginer
la *température absolue*, la *pesanteur absolue*, l'*odeur absolue*,
la *saveur absolue*, la *couleur absolue ?* »

Oui, nous le demandons à M. le docteur, (tout en nous
inclinant devant cette savante énumération) « qui s'est jamais
mis tout cela dans l'idée ? » et nous lui demandons surtout de
vouloir bien nous indiquer le traité de musique, de nous citer
le livre, la page, la ligne où l'on enseigne l'*immense absurdité du ton absolu*.

Nous sommes de pauvres gens sans éducation, des ignorants
fieffés, « *nous ne comprenons pas l'enseignement musical ; cela
n'est pas de notre compétence* ; nous ne savons pas *la filiation
des idées*, nous n'avons pas *la profondeur de vue*, le *sens
intellectuel*. » La *réforme musicale* qui s'imprime à Rouen
l'a affirmé le 5 octobre 1856, et nous n'avons pas réclamé.
Cela est donc prouvé. M. Chevé pourrait bien représenter à lui
seul la science, la logique, les lumières de Bacon et de Descartes,

---

1. *Méth. élém.*, p. 14. Le reproche du *ton absolu* se trouve répété
dans beaucoup d'endroits des œuvres de M. Chevé.

et Pascal, et Loke, et Condillac, et Destutt de Tracy, cela a
été déclaré publiquement, le même jour, à la même heure,
dans le même numéro du même journal de la Porte-aux-Rats.
Ces hommes célèbres n'ayant pas non plus réclamé, cela est
généralement admis. Et cependant, malgré notre ignorance
bien constatée, nous savons qu'il n'y a pas de *température
absolue*. Notre instruction est tout à fait primaire, mais nous
connaissons l'usage du thermomètre, et plusieurs d'entre
nous, en allant à l'Institut, ont quelquefois regardé celui de
l'ingénieur Chevallier. Nous savons aussi, et cela est surpre-
nant, comment on compare les pesanteurs diverses. Pour ce
qui est du reste, nous nous déclarons entièrement incompé-
tents. Notre éducation scientifique n'a pas été poussée assez
loin, et nous ne savons si l'*odeur*, la *saveur*, la *couleur absolue*, dont parle M. le docteur Chevé, existent en effet quelque
part.

Eh bien ! dussions-nous étonner considérablement le docte
professeur, nous devons affirmer que jamais, dans aucun conservatoire, on n'a enseigné qu'il y a un *ton absolu*, et qu'à
l'heure qu'il est cet enseignement est encore complétement
inconnu, aussi bien que celui de la *durée absolue*. Puisque
M. Chevé l'ignore ou ne veut pas le savoir, nous allons lui
apprendre, relativement au ton qu'il nomme *absolu*, ce que
disent et pratiquent les musiciens, bonnes gens qui ne disent
que ce qui est, et ne pratiquent que ce qu'ils disent.

Il a plu au Créateur de distribuer les voix humaines en
groupes distincts, facilement reconnaissables par la nature de
la sonorité, grave ou aiguë, qui les caractérise. Dieu l'a voulu.
Les conservatoires n'y sont pour rien. Les musiciens ont re-
connu et ont constaté cette division, puis ils ont défini, classé,

et nommé les différents genres de voix. Pour établir ce classement, on a dû donner des noms aux différents sons musicaux. Car il fallait se comprendre, il fallait pouvoir dire : telle voix commence à telle note, c'est-à-dire à tel son, parcourt tel intervalle, et s'arrête à telle note. Ce n'est pas tout ; il fallait pouvoir réunir les groupes épars, les combiner pour l'exécution d'un morceau de musique. On convint alors de choisir un son quelconque, qui deviendrait le ton régulateur, le point de repère, le centre autour duquel graviteraient, dans une concordance commune, les sonorités vocales et instrumentales qui, aux diverses époques de l'art, ont formé l'ensemble des ressources de la musique. Le son que nous nommons *la* fut choisi pour cet office de *ton régulateur*, de *diapason*, comme on dit aujourd'hui.

Mais qu'on ait jamais dit, écrit ou enseigné qu'il y a dans la nature un *la absolu*, qu'on ait jamais dit à un élève : cherchez, étudiez, chantez le *la absolu* ; cela n'existe que dans l'imagination et dans les livres de M. le docteur Chevé ; et en vérité, pour se permettre d'écrire de telles choses, il faut être bien sûr de l'impunité, nous voulons dire : qu'il faut avoir la conscience qu'aucun homme compétent ne daignera prendre une plume pour combattre des assertions si étranges, si contraires à la vérité, qu'elles paraîtront devoir tomber d'elles-mêmes. C'est quelquefois la destinée des plus mauvais arguments de faire un certain chemin dans le monde, parce qu'ils sont dédaignés par ceux qui auraient le devoir de les détruire d'un seul mot. Et après cela, il est commode et agréable de traiter d'*absurdes* des hommes auxquels on prête des *absurdités* qu'on a eu le plaisir d'inventer à leur intention, et qui ne répondent pas, précisément à cause de la grandeur de l'*absurdité* qu'ils auraient à relever.

Non, les musiciens disent au contraire :

Il existe une convention, on a choisi un ton régulateur, un *diapason*, un lien commun pour l'accord des voix et des instruments. C'est le son nommé *la*. On aurait pu choisir tout autre son, le nommer de tout autre nom. Peu importe [1]. Conformez-vous à ce que ce régulateur indique. Obéissez à la loi qu'il impose, et donnez toujours à chacun des sons qui composent l'échelle musicale le nom qu'il doit porter en raison de la distance où il se trouve du ton régulateur.

Voilà ce que disent, ce que pratiquent les musiciens; et cela n'est-il pas conforme au bon sens, à la raison, à la saine appréciation des choses? Non-seulement le régulateur fixe un point de repère, mais il règle le système général de l'intonation [2].

Mais M. Chevé a bien ses raisons pour nous prêter son *immense absurdité du ton absolu*. Pour lui, dans son enseignement, le ton régulateur, dont il a besoin comme tout le monde pour mettre les voix d'accord, une fois cet office accompli, ne

---

1. Il y a, en Russie, en Angleterre, des diapasons qui sonnent l'*ut*. On sait, d'ailleurs, que le *la* du diapason a varié à plusieurs époques, dans plusieurs pays, et que récemment M. le ministre d'État et de la Maison de l'Empereur a décidé, dans l'intérêt de la conservation des voix, et sur l'avis d'un grand nombre de musiciens consultés dans toute l'Europe, que le *la* serait abaissé. M. Chevé n'a pas réclamé au nom du *ton absolu*. (Voyez le Rapport adressé à S. E. le ministre d'État et de la Maison de l'Empereur. Imprimerie impériale, 1859.)

2. M. Chevé a parlé de température. Que penserait-il d'un professeur disant à ses élèves : « Le zéro du thermomètre indique le point de congélation? Voilà qui est bien; cela suffit, le reste est inutile. N'ayez nul souci des degrés, des rapports qu'il indique. Que le thermomètre marque 5, 10, 15 degrés au-dessus ou au-dessous de zéro, que vous importe? ne suis-je pas là? Quand je vous dirai qu'il fait froid, vous mettrez votre manteau, et quand j'aurai trop chaud, vous l'ôterez. »

règle plus rien. M. Chevé donne aux notes le son qu'il lui plaît de leur attribuer. Il est donc obligé, pour sa justification, pour aller au-devant des critiques, de dire, d'abord : qu'il a plus d'esprit que nous, ce que nous lui concédons volontiers ; et ensuite : qu'il a seul la sagesse, la haute raison et le *sens intellectuel* en partage, puisque nous sommes des esclaves enchaînés au *ton absolu*, tandis que lui, indépendant et fier, il a le ton libre.

On connaît le *piano transpositeur*. C'est une mécanique fort appréciée des ignorants, laquelle se manœuvre à l'aide d'une clef. Lorsque par hasard un musicien instruit pose la main sur un *piano transpositeur*, s'il entend la touche qui doit sonner l'*ut* sonner le *fa* ou le *sol*, il éprouve l'impression pénible que cause le mensonge aux âmes honnêtes, car ce piano *ment*. Eh bien, le piano transpositeur est la réalisation matérielle du système de M. Chevé. Il en est l'image visible et tangible. M. le professeur Chevé réduit la voix humaine, organe intelligent d'une volonté intelligente, à l'état de machine ou de mécanique. Car le chanteur *ment* lorsqu'il altère la sincérité de l'intonation, lorsqu'il *transpose* sans avoir la conscience de ses actes et de ses opérations. N'est-ce pas plutôt dans le système purement mécanique de M. Chevé qu'on peut trouver quelque chose d'*abrutissant* ?

IX.

EXAMEN DES GRIEFS DE M. CHEVÉ. — M. ORFILA.
LES CONCOURS COMPARATIFS. — FRAGMENTS D'UNE LETTRE
DE M. LE COMTE SOLLOHUB.

Nous nous sommes souvent demandé pourquoi la commission de 1850 avait surexcité la colère du savant professeur ; pourquoi il nous avait accablés d'injures ; en quoi nous étions plus coupables que nos devanciers, que M. Orfila, par exemple, qui avait longtemps présidé les commissions et qui, à plusieurs reprises, s'était prononcé contre l'enseignement par le chiffre.

Probablement M. le docteur Chevé n'osait déclarer, et en cela il avait parfaitement raison, qu'il refusait au docteur Orfila, homme de science, doyen de la Faculté, et, de plus, excellent musicien, les qualités qu'il nous dénie, et auxquelles nous ne prétendons pas : « la profondeur de vues, le sens intellectuel, la compétence, » en un mot, la dose de capacité nécessaire pour apprécier une méthode élémentaire de lecture musicale. Tout le monde, en effet, conviendra que M. Orfila réunissait les conditions exigées. Son opinion, qui est la nôtre, subsiste donc avec une grande valeur.

M. Chevé, qui a une tendance manifeste à vouloir régner par la terreur, s'indigne qu'on ait osé publier le rapport de la commission de 1850 ; c'est, selon lui, « un abus de pouvoir, une lâche méchanceté. » Il ne demandait pas l'adoption de sa méthode : non-seulement on n'avait pas le droit de publier le rapport, on n'avait pas même le droit de faire un rapport, d'examiner son livre ; il demandait seulement des *concours comparatifs*.

Nous ne reviendrons pas sur la prétention superbe élevée par M. Chevé, à savoir : que sa méthode est sacrée, qu'il ne reconnaît à personne le droit de la juger ; mais n'est-il pas de la dernière évidence qu'une demande de concours n'est qu'une stratégie, une forme, une manière de demander l'adoption d'une méthode ; autrement, à quoi bon des *concours comparatifs ?*

Et avant d'ordonner des *concours comparatifs*, n'est-il pas juste, convenable, nécessaire, que l'administration, qui a le droit de les accorder ou de les refuser, veuille être renseignée sur l'opportunité de ces concours, qui devront infailliblement amener une perturbation dans les travaux ordinaires des écoles ? Faut-il, parce qu'un concours est demandé, l'accorder sur-le-champ, sans discussion, sans examen préalable, et se tenir constamment à la disposition de quiconque a l'idée de demander un concours ? La persistance dans une demande de ce genre constitue-t-elle un droit ? L'administration n'a-t-elle pas le devoir de faire examiner la valeur du système proposé ? Et les gens qu'on charge de ce travail sont-ils forcément des ignorants, de méchantes gens, sans honneur et sans probité, parce qu'ils ont jugé dans leur âme et conscience que le procédé proposé ne peut faire la base d'un bon enseignement ?

On lit sur les murs de Paris : L'anglais ou l'allemand, etc., enseigné en 25, en 30 leçons ; ou bien : Cours de mathématiques, de latin, études pour le baccalauréat, etc., dans des conditions analogues. Certes, nous tenons les professeurs de ces cours pour gens très-estimables, et nous n'avons garde de vouloir les offenser, mais qu'arriverait-il si ces professeurs venaient à demander publiquement, hautement, que leur enseignement fût l'objet de *concours comparatifs* avec l'enseignement *officiel*, comme dit M. Chevé? Que répondrait M. le ministre de l'Instruction publique ou le Conseil supérieur de l'Université? Nous n'en savons rien, et nous ne voulons rien préjuger. Mais n'y a-t-il pas lieu de croire que si l'on donnait suite à ces demandes, avant d'ordonner ces concours comparatifs, on chargerait d'honnêtes gens, notoirement connus pour savoir l'anglais ou l'allemand, ou le latin, ou les mathématiques, etc., des gens qui auraient fait preuve de science et de connaissances pratiques, de rendre compte à l'administration et au public, de l'opportunité des concours demandés, et de la valeur des livres, des systèmes, des arguments, des procédés annoncés?

Quelques personnes disent : Qu'importent les systèmes, les procédés, les doctrines, la notation? M. Chevé fait chanter des chœurs et ses élèves écrivent sous la dictée.

Cela est vrai, c'est à cela que se borne l'enseignement que M. Chevé veut élever à une si grande hauteur.

Supposons que la notation universelle soit, comme M. Chevé a grand intérêt à le proclamer, inabordable et enveloppée de ténèbres; supposons qu'on recule d'effroi devant une page de musique; que l'enseignement musical n'existe pas en France; que l'on ne soit jamais parvenu à faire chanter des chœurs; et qu'au milieu de cette nuit profonde, M. Chevé apparaisse, la lumière à la main; ah! nous lui ferions cortége, nous publierions sa gloire! et nous n'y aurions aucun mérite; en secondant ses efforts, nous ne ferions qu'obéir à notre propre intérêt.

Mais nous sommes obligés de dire aux hommes de bonne foi qui pourraient se laisser persuader, que le système, les prétentions, les plaintes amères, les accusations de M. Chevé n'ont aucune raison d'être. On chante partout des chœurs ; et l'enseignement élémentaire, celui qui convient aux orphéons et aux réunions populaires, aussi simple et plus vrai que celui du chiffre, est facilement donné et facilement compris [1].

Il y a Paris, en France, en Angleterre, en Belgique, en Allemagne, dans toute l'Europe, un nombre considérable de sociétés chorales lisant la musique, chantant sans accompagnement, avec justesse, netteté, précision, exprimant les nuances les plus délicates, et cela par les principes de l'enseignement général, et comme une chose toute simple, ordinaire, qu'on fait tous les jours, qu'on apprend facilement. Car ces sociétés sont modestes, elles chantent pour chanter, pour leur plaisir, pour celui des auditeurs, et ne prennent pas l'univers à témoin qu'elles chantent des chœurs. Et c'est pour cela que beaucoup de personnes ignorent l'existence de ces sociétés, et peuvent croire qu'en effet la musique est quelque chose de caché, d'inaccessible, qu'il faut des efforts surhumains pour réunir un groupe de voix humaines en un ensemble harmonieux, et que cela n'est donné qu'au maître de l'*École nouvelle*, hors de laquelle il n'est point de salut.

Car M. Chevé se nomme toujours l'*École nouvelle*, et en vérité, il y a là un grand abus de mots. On dit en peinture : l'école de Raphaël, l'école lombarde, l'école flamande, etc., en musique, l'école italienne, allemande, française ; on dit l'école de Mozart, mais on n'a jamais dit l'école de Rodolphe [2]. Ne fait

1. Nous avons entendu dans de petites communes autour de Paris des orphéons qui, après six mois seulement d'existence, ont donné des résultats très-remarquables. Nous pourrions citer l'orphéon de Rueil, dirigé par M. Heintz, etc.

2. Auteur d'un solfège qui a eu une grande vogue.

pas école qui veut, et encore faut-il qu'il y ait matière à école.

M. le comte Sollohub s'est récemment déclaré chaud partisan de l'*École nouvelle*. Dans une lettre que l'*Indépendance belge* a publiée, et que nous avons lue avec l'intérêt que méritent le nom et la situation de l'auteur, M. le comte Sollohub raconte : qu'assistant par hasard à un cours de M. Chevé, il vit « le professeur, au sourire plein de bonhomie; » puis il vit « un tableau surchargé de chiffres auxquels il ne comprenait rien. » Il demanda alors à son voisin sur quelle clef on chantait.

« — Monsieur (lui répondit le voisin), la méthode n'a pas de clef du tout, ce qui nous dispense d'apprendre les sept clefs de la musique usuelle. »

C'est puissamment raisonné. Mais nous avons déjà fait justice du fantôme des sept clefs que M. Chevé évoque sans cesse. On aurait pu dire de plus à ce voisin naïf, charmé de *la méthode qui n'a pas de clef du tout*, qu'il y a toujours une *clef*, que l'alphabet a une *clef*, qu'un chiffre a une *clef*, et que lire des notes écrites sur une *clef*, ou lire un chiffre dont il faut avoir la *clef*, cela revient exactement au même.

« Je voulus savoir alors comment on reconnaissait les tons, » continue M. le comte Sollohub, qui avait parfaitement raison.

« Mon interlocuteur m'expliqua que tous les tons en dièses et en bémols n'avaient été inventés que pour se conformer aux défectuosités de certains instruments qui devaient rectifier par ces moyens la filiation normale des sons dans chaque gamme. »

Nous félicitons le noble étranger s'il a pu comprendre cette explication foudroyante, cette démonstration merveilleuse : ou plutôt, nous regrettons qu'un homme de sa valeur, d'un esprit élégant, charmant, élevé, ait daigné écouter si longtemps un tel interlocuteur, et qu'il se soit payé d'un raisonnement semblable. Personne n'a inventé *les tons en dièses et en bémols*, pour parler le langage de l'interlocuteur, et surtout, on ne les a pas inventés pour se *conformer à des défectuosités*. On n'invente pas ce qui est. La musique est faite d'une certaine façon, comme il a plu à Dieu qu'elle fût faite. M. Chevé lui-même reconnaît qu'il y a des tons en dièses, et avoue qu'il y en a en bémols, et combien M. le comte Sollohub regretterait qu'il n'y en eût pas ! Nous voudrions, pour le convaincre et le punir à la fois, lui faire entendre *Semiramide* sans dièses et *les Huguenots* sans bémols.

Mais l'interlocuteur continue ; il dit « que la voix étant omnitone, il lui suffisait d'avoir un point de départ pour trouver les intervalles nécessaires, et que, par conséquent, la solmisation d'après les tonalités devenait inutile. C'était évidemment faciliter l'étude de chant proprement dit, des quinze procédés toniques. En les multipliant par les combinaisons des sept clefs, l'enseignement devenait cent cinq fois plus facile. »

M. le comte Sollohub eut la bonté de trouver cela « parfaitement clair, et il comprit alors la signification du tableau. »

Restait au noble étranger « à se rendre compte de la division des mesures. »

Rien de plus simple :

« Il ne fut pas peu surpris d'entendre tout l'auditoire proférer des sons qui lui étaient parfaitement inintelligibles. C'était une langue dont chaque monosyllabe marquait pour ainsi dire brutalement la valeur des durées et des silences[1]. Cette langue remplaçait les huit entiers de mesures de l'enseignement usuel, et détruisait la combinaison de cent cinq multipliés par huit. Il en résultait la conclusion que, par la

---

1. C'est la langue des durées, dont il sera question tout à l'heure.

méthode, la lecture du chant se trouvait facilitée, pour s'exprimer aussi en chiffres, de huit cent quarante fois. »

Il faut respirer après une argumentation si puissante, et reconnaître qu'il n'y a rien à répondre à des calculs si clairs, à des principes si écrasants, qu'une méthode qui peut appeler à son aide des démonstrations si victorieuses est évidemment la première méthode du monde, et que rien ne doit lui résister.

M. le comte Sollohub dit ensuite « qu'il apporta à la société chorale de M. Chevé deux chœurs à quatre voix, l'un de Bortnianski, l'autre, manuscrit, de son beau-père, le comte Michel Wielhorski. Les deux morceaux ne pouvaient être connus. On les transcrivit en chiffres, et ils furent lus avec une précision remarquable. »

Nous n'en doutons pas. Mais si M. le comte Sollohub avait bien voulu apporter ces deux morceaux au Conservatoire, ou à l'orphéon, ou à une des nombreuses sociétés chorales de Paris ou de la banlieue, on n'aurait pas eu besoin de la transcription en chiffres. Et l'épreuve n'eût-elle pas été mille fois plus intéressante pour le comte Sollohub, et surtout plus concluante, s'il avait entendu chanter à Paris, sur l'écriture originale, ces manuscrits tracés en Russie pour tous les musiciens du monde, excepté, à ce qu'il paraît, pour les adeptes de M. Chevé? — Et c'est une satisfaction qu'il eût pu se procurer facilement.

M. le comte Sollohub dit plus loin « que le peuple n'a pas trente ans à donner à l'étude d'une science ardue. » Et c'est la lecture musicale qu'il désigne ainsi. Quoi! véritablement! on a pu persuader cette énormité à M. le comte Sollohub! on lui a montré des élèves de trentième année !

Un peintre de l'antiquité n'a pas craint de dire à un monarque puissant qui parlait de peinture dans son atelier : « O roi, cessez de tenir de tels discours ; vous feriez rire mon broyeur de couleurs ! » Nous prions M. le comte Sollohub de nous excuser si, en toute sincérité, nous nous sommes permis de lui présenter quelques observations, il a trop d'esprit pour s'en formaliser, et nous espérons qu'il nous pardonnera si nous lui déclarons que nous sommes des pécheurs endurcis, affermis dans leur conviction par les arguments mêmes qui ont formé la sienne.

<h2 style="text-align:center">X.</h2>

SUITE DES GRIEFS. — LA LANGUE DES DURÉES.
L'ARMURE DE LA DÉESSE. — L'ARMURE DU PALADIN.

M. le docteur Chevé se plaint que le Conservatoire, qui approuve beaucoup de méthodes, n'approuve pas son enseignement, et il dit qu'on affecte de ne voir dans sa méthode que la notation en chiffres.

Il y a au Conservatoire un comité des études composé de quinze membres et présidé par le directeur. Ce comité examine les méthodes qui lui sont présentées, et lorsqu'il les trouve conformes aux principes généraux d'enseignement, lorsqu'il y reconnaît les qualités indispensables d'ordre, de bonne distribution et de clarté, lorsqu'il y trouve des exemples bien choisis, des exercices écrits avec goût et discernement, il les approuve.

Mais M. Chevé est très-exigeant en matière de méthode : si on dit que deux et deux font quatre, on le pille ; si on n'est pas de son avis, on est absurde ; la musique lui appartient, et n'appartient qu'à lui ; aussi se montre-t-il peu disposé à sanctionner les approbations données par le comité des études[1].

On n'a pas besoin d'affecter de ne voir dans la méthode de M. Chevé que la notation en chiffres, tout son enseignement n'étant qu'une déduction forcée de l'emploi du chiffre. Et si le chiffre n'était pas l'objet principal de cet enseignement, si le

[1]. A propos de la méthode de M. Mercadier, approuvée par le conservatoire, le journal *la Réforme musicale* s'exprimait ainsi (8 février 1857, :

« Il n'en coûtera pas à MM.* Auber, Halévy et Carafa*, pour chacun, autre chose qu'une signature avec ou sans paraphe. Ils en ont tant donné du genre de celle-ci, quand il s'est agi d'enterrer la vérité, qu'ils signeront de très-bonne grâce. »

Voici d'autres exemples de discussion élégante et polie tirée du même journal (10 janvier 1858, :

« Elle sera curieuse la seconde édition ! (Il s'agit d'un petit ouvrage élémentaire de M. Halévy.)

« M. Halévy continuerait de conduire son coucou didactique ; soit ; mais il n'aurait pas le droit de se plaindre si les gardiens de la santé intellectuelle, reconnaissant à travers les fentes de ses rideaux neufs les denrées malsaines dont il serait rempli, l'arrêtaient à l'entrée de la ville ou l'envoyaient jeter son impur chargement dans quelque bassin écarté d'un autre Montfaucon, réceptacle de tout ce qui n'a ni un nom dans la langue qui sert à l'échange des idées justes, ni un emploi utile, même dans les laboratoires où se manipulent les ingrédients les moins recommandés.

« Mais non ; rien de cela n'est vrai, parce que rien de cela n'est possible. Une seconde édition de ces monstruosités scientifiques commanderait l'application du maximum de la peine encourue par les récidivistes. L'auteur, après cette première besogne, doit avoir eu trop de peine à se laver les mains pour être pressé de la recommencer, au risque de faire enchérir le savon d'Angleterre et la pâte d'amande. »

En parlant de l'honorable directeur du conservatoire d'une de nos plus grandes villes, le même journal dit :

« Ainsi, voici un Béotien qui vient dire avec l'aplomb de l'idiotisme le mieux conditionné, etc... Et cet homme ne mange pas de foin !... Il ne marche pas à quatre pattes ! Je parie que s'il lit ceci, il se mettra bêtement à rire, etc., etc. »

* Ces trois noms représentent évidemment, dans cette phrase de l'écrivain, le comité des études tout entier.

règne du chiffre n'était pas le but de ses aspirations, il n'y aurait pour lui aucune raison de répéter, sous toutes les formes, que la notation de tout le monde n'est qu'un tissu de monstruosités. On est donc parfaitement fondé à donner au chiffre autant d'importance qu'il lui en donne lui-même.

M. Chevé a une *langue des durées* dont il est très-fier; nous ne la parlons pas; nous aimons mieux celle de tout le monde, et nous pensons qu'il vaut mieux dire : un, deux, trois, quatre, comme tout le monde et comme Galin [1], que *ta-fa*, *té-fé*, ou *ta-za-fa-na*, ou *té-zé-fé-né*, ou *ta-za-chu-na* ou *té-chu-fé-né*, etc. Car la *langue des durées* du savant docteur est très-riche, et abonde en synonymes. Pour compter jusqu'à neuf, il faut dire dans cette langue : *ta-ra-la-té-ré-lé-ti-ri-li*. On dirait aux élèves, dans les conservatoires, comptez jusqu'à neuf. Cela parait plus simple, plus facile, plus conforme à la raison, et surtout plus clair.

Les musiciens disent : le *temps fort*. M. Chevé nous écrase de sa supériorité, parce qu'il dit le *jalon*, le *son fort*, le *coup fort*. Pourquoi? *Temps fort* est une expression très-juste. Une

---

1. Galin, que M. Chevé revendique sans cesse comme le fondateur de l'enseignement par le chiffre, n'était nullement partisan de cet enseignement, et était très-éloigné des idées de M. Chevé. Nous citerons un passage très-curieux de son ouvrage (*Exposition d'une nouvelle méthode pour l'enseignement de la musique*, par P. Galin, 1818, p. 54 et 55).

« On s'aperçoit ici combien seraient dans l'erreur sur le fond de ma méthode ceux qui, ayant vu chanter mes élèves devant des chiffres, auraient pris ces chiffres pour le moyen qui me sert à les instruire. Aucune écriture, comme je l'ai fait voir, ne peut être mon moyen d'instruction... Mais il y a plus par rapport aux chiffres, c'est qu'ils ne sont pas même dans l'analogie des idées que je viens d'exposer, et qu'en quittant l'exercice de la baguette, l'élève se trouve naturellement introduit aux notes ordinaires sur la portée, sans soupçonner que des chiffres pussent faire le même office. C'est donc de pure fantaisie que je lui enseigne

mesure est composée de *temps*, non de *coups*. On ne dit pas :
mesure à quatre coups, mais : *mesure à quatre temps;* et si
les musiciens disaient, par malheur, *ta-za-fa-na* et le *coup*
fort. M. Chevé s'écrierait probablement : *Quelle complication*
imbécile! quelle monstruosité! et pourquoi ne pas dire tout
bonnement : un, deux, trois, quatre, et le *temps fort?* Et
M. Chevé, cette fois, aurait raison.

M. Chevé discute beaucoup sur le *signe* et l'*idée*, et il
adresse à l'enseignement ordinaire un reproche fondamental
qu'il trouve apparemment très-grave. « *Toujours le signe*
avant l'idée ! » s'écrie-t-il.

Il ne faut pas se payer de mots. Nous voudrions comprendre la portée de ce reproche. Quelle idée? L'idée de
quoi ?

Voici quelles sont nos *idées* sur l'enseignement de la lecture
musicale.

L'élève, enfant ou adulte, qui veut apprendre à lire la
musique, est tout à fait dans les conditions de l'élève, enfant

cette notation. Mais il faut convenir qu'elle est si commode pour l'usage
particulier, par le peu de volume qu'elle occupe, par la facilité et la rapidité de l'écrire, tout papier y étant propre, et par l'économie de l'impression, si on voulait faire des recueils à peu de frais, qu'elle mérite bien
d'être plus connue, indépendamment de celle dont on se sert. C'est par là
que j'ai voulu rendre hommage à la mémoire de son illustre auteur 'J.-J.
Rousseau' sans prétendre, comme lui, la substituer à l'écriture vulgaire. »
Nous répondrons à Galin que pour l'*usage particulier* chacun est maître
d'employer le signe qui lui convient et d'avoir sa sténographie. La *facilité*
et la *rapidité* tiennent à l'habitude, à la pratique. Les musiciens écrivent
la musique aussi facilement, aussi rapidement qu'ils écriraient une lettre,
et seraient fort embarrassés d'écrire en *chiffres*. Tout s'apprend, même
la notation en chiffres. Quant au *volume* et à l'*économie*, les choses ont
bien changé depuis quarante ans, depuis 1818, date de l'ouvrage de Galin.
La partition d'un chœur pour l'orphéon coûte 30 ou même 25 centimes;
une partie de chœur coûte 5 centimes.

ou adulte, auquel on veut enseigner la lecture ordinaire. Il sait qu'on chante comme il sait qu'on parle ; il entend chanter comme il entend parler, et probablement il chante les airs qu'il a entendu chanter, de même qu'il parle, sans avoir reçu à ce sujet aucune instruction préalable.

M. Chevé sait si bien que l'enfant ou l'adulte chante, ou au moins qu'il a entendu chanter, et qu'il reconnaît les chants qu'il a entendus, que dès les premières pages de sa méthode, il donne des airs populaires comme types de certaines intonations. Il indique notamment : *La pipe de tabac* ; *Lorsque dans une tour obscure* ; *A coups d'pieds, à coups d'poings* [1].

L'élève sait donc qu'on chante, et M. Chevé sait que l'élève a entendu chanter, et même qu'il chante. Et nous ne voyons pas qu'il y ait lieu d'exposer à ce sujet aucune *idée* générale, comme la phraséologie de M. Chevé tend à le faire supposer. Voici, à notre avis, la seule idée qu'on doive exprimer aux élèves : lorsque vous avez appris à lire, on a commencé par vous apprendre l'alphabet, on vous a fait connaître la forme des lettres. Vous voulez apprendre à lire la musique, il faut commencer par en connaître l'alphabet.

Et on leur fait connaître la forme des signes qui composent l'alphabet musical. Ils sont peu nombreux, et cette étude sommaire, qui n'est ni longue, ni difficile, nous paraît parfaitement à sa place, tout à fait indispensable, et nous ne voyons pas comment et par quoi on la remplacerait.

Les musiciens disent, et M. Chevé dit aussi : *l'armure par dièses*. Mais M. Chevé invente à cette occasion une phrase mnémonique : « Traduisons, dit-il, ces mots : *l'armure par*

1. Édition de 1846, pages 36, 39.

dièses, par ceux-ci : l'*armure de la déesse*, et nous pourrons construire la petite phrase suivante :

« Pallas pouvait dire au téméraire qui la bravait : Essayez d'entamer l'ARMURE DE LA DÉESSE, et vous *saurez, l'ami, si fais taie* (c'est-à-dire : si je fais seulement une taie sur l'œil) [1]. »

Cette phrase ingénieuse est destinée à graver dans l'esprit des élèves la succession suivante : sol, ré, la, mi, si, fa, ut [2], qu'on peut se rappeler, à ce qu'il nous semble, sans faire un effort extraordinaire de mémoire. La phrase mnémonique nous paraît beaucoup plus difficile à retenir.

De même pour l'*armure par bémols*, que M. Chevé traduit par *armure bien molle*, ce qui fournit la petite phrase que voici :

« Un paladin pouvait dire à son adversaire : Si tu n'as pour te couvrir qu'une ARMURE BIEN MOLLE, *fat! se meurt l'heure, je te!...* (c'est-à-dire, l'heure arrive où je te foudroierai). »

C'est pour apprendre à dire : fa, si, mi, la, ré, sol, ut [3].

Nous avouons que jamais l'enseignement donné dans les conservatoires ou à l'Orphéon n'a atteint cette sublimité, et nous reconnaissons humblement que les élèves apprennent ces deux terribles successions de notes [4], et qu'ils affrontent ces difficultés formidables sans *déesse* et sans *paladin*.

1. *Méthode*, p. 282 et 283, édit. de 1846.

2. Notre impartialité nous oblige à dire que M. Chevé nomme *fé*, *té*, les deux notes *fa dièse* et *ut dièse*.

3. M. Chevé dit *fu, seu, meu, leu, reu, jeu, teu*, parce qu'il s'agit de notes bémolisées. Mais l'élève sait de reste que ces notes, dans cette occasion, sont nécessairement bémolisées.

4. Ce sont deux progressions régulières; deux suites de *quintes* ou de *quartes*, et l'élève le moins avancé les retient sans peine. Il reçoit d'ailleurs en les apprenant une notion exacte, utile, et n'a nul besoin d'un secours mécanique pour les comprendre et se les rappeler.

Ce grand appareil déployé par M. Chevé pour une chose si facile, si simple, nous fait voir que M. Chevé se fait des *monstres* de tout, et qu'il trouve impraticable ce que des élèves, dès le début de leurs études, comprennent et pratiquent sans le moindre effort.

Lorsqu'un amateur attardé et impatient veut apprendre la musique, il s'étonne tout d'abord de ne pas comprendre des signes qu'il ne connaît pas ; au lieu de les étudier, il invente pour *son usage particulier* une notation quelconque, et s'il a quelques grains de despotisme dans l'esprit, il veut l'imposer au monde. Il ne réfléchit pas que quelle que fût la notation qu'il eût trouvée établie, fût-ce celle qu'il vient d'inventer tout à l'heure, il en aurait inventé une autre, puisqu'il ne connaîtrait pas celle qu'il n'a imaginée que pour se dispenser d'étudier celle qui existe.

Un Français habitait l'Allemagne depuis longtemps, et s'y trouvait fort heureux. Une chose cependant le chagrinait : « Je vis très-bien dans ce pays, écrivait-il à ses amis, la ville est charmante et me plaît beaucoup. Mais ne me parlez pas des habitants ; ils sont stupides. Voilà trente ans que je suis ici, et personne ne me comprend[1]. »

---

1. Nous n'avons pas parlé des exercices d'intonation contenus dans la méthode de M. Chevé, et qu'il affirme être des chefs-d'œuvre. Ces exercices, bizarres, sans aucune valeur musicale, sont de beaucoup inférieurs à ceux qu'on trouve dans les méthodes ordinaires. — Nous ne parlons pas non plus du *chronomètre* que M. Chevé donne comme une *nouveauté* appartenant à son *école*. Le *chronomètre*, que le métronome a remplacé, a été inventé en 1696 par un musicien nommé *Loulié*, et reproduit au commencement de ce siècle par Despréaux. Le *chronomètre* est un pendule, un cordon supportant une boule de plomb qu'on descend et qu'on remonte à volonté, avec un tableau gradué, etc.

XI.

UNE LETTRE DE WEBER. — LE COMPOSITEUR STAENDEL.

En parcourant les ouvrages de M. Chevé, nous avons été frappés d'une lettre de Weber dont M. Chevé nous semble avoir méconnu le véritable caractère. Nous en reproduisons le passage le plus important [1] :

« Je sens tous les jours plus vivement (dit Weber cité par M. Chevé) que nous défendons et ordonnons, sans dire le pourquoi, sans indiquer le comment. On dit : BACH a fait ceci, STAENDEL n'écrivait pas ainsi, MOZART s'est permis cela. Mais si par malheur il nous vient une idée que ceux-ci n'avaient pas eue, il faudrait presque la rejeter parce qu'il est impossible de prouver que l'on peut écrire ainsi [2]. La musique manque d'une base solide, d'une direction invariable. Le sentiment, et encore le sentiment!... Mais qui dira que le sien est bon? »

Qui ne voit là une boutade pleine d'intérêt? Weber, qui trouvait des successions d'accords d'une grande nouveauté et des effets d'instrumentation non encore employés, s'effrayait lui-même de ses hardiesses. Il tremblait devant son génie et aurait

---

1. Voyez la *Méthode élémentaire d'harmonie* de M. Chevé, précédée d'un appel au bon sens de toutes les nations. Pourquoi l'enseignement de l'harmonie est toujours dans l'enfance (p. 36, édition de 1846). M. Chevé ne se borne pas à réformer l'enseignement du solfége, il réforme aussi l'enseignement de l'harmonie et de la composition.

2. Il est inutile de faire remarquer que le mot *écrire* est employé ici sous le rapport du style, de la composition, et non de l'*écriture* musicale.

voulu qu'on lui fît connaître la loi en vertu de laquelle ce
génie lui inspirait les chants et les accords qui naissaient
pour ainsi dire malgré lui sous ses doigts et sous sa plume.
« Le sentiment, et encore le sentiment! s'écrie Weber; qui
dira que le sien est bon? » C'est un accent parti de l'âme, l'expression de ce doute cruel qui s'empare souvent des esprits les
plus fermes. Il ne s'agit plus ici seulement de musique, mais
de l'art même, de son essence la plus pure, la plus vive. Les
paroles de Weber s'adressent au poëte, au peintre, au sta-
tuaire. Heureux l'artiste inspiré, quand il se sent sous la
domination de ce *sentiment* qui éclaire et qui crée, et qui
est l'expansion même du génie! Et cependant, quand
l'œuvre est achevée, l'artiste doute encore et de son œuvre
et de lui-même. Beethoven, plus audacieux que Weber, plus
passionné, plus libre, plus indépendant dans son allure, emporté dans ses caprices, et livré tout entier à la fougue du
sentiment qui lui était propre, a été souvent aussi assailli de
ce tourment du doute ; cependant il ne dédaigna pas d'écrire
un petit traité d'harmonie et de contre-point, très-simple,
où sont exposées les règles les plus élémentaires. Mais il n'a
jamais prétendu donner les règles de l'inspiration, et il n'a
jamais reproché aux traités d'harmonie de ne pas expliquer
pourquoi les hommes de génie avaient du génie. Le passage
cité par M. Chevé, écrit sous l'impression de tristesse et d'inquiétude habituelle à l'auteur d'*Obéron* et du *Freyschütz*, dit
une fois de plus ce que l'on sait de reste, qu'il y a des choses
qu'on ne peut ni enseigner, ni apprendre, que le *sentiment* n'a
besoin ni de *pourquoi* ni de *comment*. Diriger les travaux d'un
jeune artiste, lorsqu'il connaît les pratiques de l'art, c'est lui
dire : l'expérience recueille, l'étude éclaire, le goût choisit.
Là se borne l'enseignement donné par le maître. L'inspiration

qui entraîne, le charme qui séduit, viennent de plus haut. Il
n'y a pas de livre, pas de traité, et nous n'exceptons ni la
méthode ni les brochures de M. Chevé, qui ouvre les portes
du ciel.

M. le docteur Chevé s'empare du passage de Weber que
nous avons reproduit. Il le discute, le commente et lui ôte la
vie poétique qui l'anime. Puis il le dissèque et le met en lam-
beaux ; et quand il n'en reste plus que des débris épars, il
formule son diagnostic et déclare « que l'enseignement de
la musique, enseignement élémentaire et enseignement trans-
cendant, est encore en *basse enfance*, et qu'il est temps de
lui ôter ses langes si l'on ne veut atrophier à tout jamais ses
membres garrottés [1]. »

Après cette consultation, M. Chevé offre ses soins à l'harmonie en bas âge.

Dans le cours de cette discussion, M. Chevé cite trois fois [2] le
grand compositeur STAENDEL, dont il écrit le nom en lettres
capitales, et qu'il place entre Bach et Mozart (BACH, STAENDEL
et MOZART).

Quelques musiciens vont se voiler la face, se couvrir d'un
cilice, et, pleins de contrition et se frappant la poitrine, vont
murmurer entre eux, à voix basse, *sotto voce*, pour ne pas
dévoiler leur honte et leur ignorance : Quel est donc ce grand
compositeur, ce STAENDEL illustre ? Comment n'est-il pas venu
jusqu'à nous, misérables que nous sommes, ce nom éclatant et
radieux, écrit en lettres capitales, dans une célèbre méthode
d'harmonie précédée d'un appel au bon sens de toutes les
nations ? Se peut-il que nous ne connaissions pas ce maître

---

1. *Méthode élémentaire d'harmonie.* 1846, p. 37.
2. *Id.*, p. 36, 37, 65.

plein d'autorité, devant qui s'incline le professeur Chevé, et qu'il place entre Bach et Mozart, maîtres immortels? « Bach a fait ceci, Staendel a fait cela, Mozart n'écrivait pas ainsi. » C'est M. Chevé qui le dit, page 65. — Puis ils se hâteront de rentrer chez eux et de chercher dans la *Biographie universelle des musiciens,* du savant M. Fétis, l'article Staendel. Ils ne l'y trouveront pas.

Donnons tout de suite l'explication de ce petit mystère : M. Chevé s'est trompé, il a voulu écrire Hændel. Il a avoué [1] à une personne *très-versée dans la biographie musicale, qui lui demandait compte du nom de* Staendel, *que lorsqu'il a écrit ce nom, il a supposé que c'était une corruption du nom de* Hændel. Mais comment a-t-il pu écrire trois fois en trente pages ce nom ainsi corrompu? Comment ne s'est-il pas arrêté dès le premier symptôme? Quel amour de la corruption ! Lorsqu'on veut écrire Hændel , n'est-il pas plus sage

---

1. On lit à la page 128 du *Traité élémentaire d'harmonie* , cette note très-curieuse : « Une personne très-versée dans la biographie musicale nous a demandé compte du nom de Staendel , que l'on trouve à la page 36, dans la lettre de Weber :

« Nous avouons, en toute humilité, que nous n'avions jamais entendu parler du compositeur Staendel , et que quand nous avons écrit son nom nous avons supposé que c'était une corruption de Hændel. Mais comme nous transcrivions une lettre de la *France musicale,* nous avons dû laisser à une autorité aussi grave la responsabilité de la citation. »

Que penserait-on d'un professeur de médecine, armé de pied en cap contre la faculté et l'enseignement *officiel,* qui, dans un livre destiné à l'enseignement de la médecine, aurait écrit : *Starrey* a découvert la circulation du sang, *Starvey* a dit ceci, *Starvey* a fait cela, et déclarerait ensuite, par manière d'acquit et pour se justifier, que *peu versé dans la biographie médicale , il a supposé que Starrey était une corruption de Harrey?* Ne trouverait-on pas l'excuse encore plus singulière que la faute ?

d'écrire HÆNDEL? En vérité, un savant docteur, un redresseur de l'harmonie en basse enfance devrait être un peu plus *versé dans la biographie musicale*, autrement, il donnerait lieu de penser qu'il ne savait en aucune façon de quoi il parlait, et qu'il a cru de bonne foi, jusqu'à la page 128, sur la parole du traducteur de la lettre de Weber, et avant l'intervention de la personne *très-versée*, qu'il avait existé jadis un grand compositeur nommé STAENDEL, digne d'être placé entre Bach et Mozart. Et le professeur ne s'est pas étonné, et il a accepté ce nom, et avec un aplomb imperturbable et qu'il faut admirer, il a écrit de sa main : STAENDEL n'écrivait pas ainsi. — BACH, STAENDEL et MOZART. — STAENDEL a fait cela.

> « Et le Pirée a part aussi
> « A l'honneur de votre présence?
> « Vous le voyez souvent, je pense?
> « — Tous les jours, il est mon ami;
> « C'est une ancienne connaissance. »
>
> . . . .
>
> . . . .
>
> De telles gens il est beaucoup
> Qui prendraient Vaugirard pour Rome,
> Et qui, caquetant au plus dru.
> Parlent de tout, et n'ont rien vu.

XII.

CONCLUSION.

Cet écrit s'est étendu bien au delà des bornes que nous voulions lui assigner, et nous le regrettons. Nous souhaitons, sans oser l'espérer, qu'on veuille bien le lire, ou du moins le parcourir, avec une patience égale à celle qu'il nous a coûtée. Il est véritablement cruel d'être obligé de se dévouer à un travail pénible et fastidieux, parce qu'il a plu à quelqu'un de se livrer à des divagations, à des suppositions gratuites, d'écrire d'odieuses imputations, et de répéter tout cela avec une persévérance très-habile dans une foule de petits livres et dans un journal *ad hoc*. Mais l'intérêt de la vérité est toujours sacré, même dans les plus petites causes. Sollicités de toutes parts de répondre une fois aux dires de M. Chevé, nous avons dû nous résigner à ce labeur.

Nous n'avons pas répondu aux injures de M. Chevé, et nous n'y répondrons pas. Nous affirmerons cependant, dans toute la sincérité de notre âme, que nous ne sommes point ennemis des lumières, opposés au progrès, voués à l'*obscurantisme*[1]. Mais il ne dépend pas de nous de placer le progrès dans l'emploi d'un procédé suranné qui ne peut conduire à rien de sérieux, qui n'est qu'une impasse, qu'on ne se contente pas d'offrir comme un procédé, mais qu'on présente comme le salut d'un art perdu par l'*enseignement officiel*; d'un procédé *de pure fantaisie*, qu'on veut imposer comme une règle, comme une loi suprême, et dont on tire des principes qui, enchaînant l'art dans des limites depuis longtemps dépassées, laisseraient dans l'esprit de ceux qui seraient tentés de les adopter des notions complétement inexactes et tout à fait contraires à la pratique générale, c'est-à-dire à la réalité. M. le docteur Chevé sait la médecine, l'anatomie, les mathématiques, la chirurgie. Nous ne savons rien de ces sciences difficiles; nous savons la musique, et nous ne savons que cela. Nous aimons ce bel art, objet de nos travaux, de nos efforts constants; et pendant que M. Chevé s'agite et insulte, nous en propageons l'étude et la rendons accessible à tous[2]. Autant que lui nous aimons la jeunesse; et les

---

1. Expression du journal de M. Chevé.
2. Il n'est pas hors de propos de constater ici l'accroissement du

jeunes artistes déjà renommés, les jeunes maîtres, tout à la fois honneur du présent et espoir de l'avenir, que plusieurs d'entre nous se sont trouvés heureux d'instruire ou de guider, diront de quelle tendre et sincère affection nous les entourons. Ils diront si leurs succès nous sont chers.

Parmi les injures adressées par M. Chevé à la commission, il en est qui nous touchent fort peu. Que M. Chevé écrive « que, *comme savants*, nous avons fait un rapport marqué au coin de l'ignorance la plus absolue [1]; que nous avons insulté au bon sens de nos pères; que la commission se couvre de ridicule, » etc., etc.; peu importe.

Mais il n'est pas vrai que « la commission a écrit sciemment le contraire de la vérité; qu'elle a fait croire au public le contraire de la vérité; que M. Chevé l'a prise en flagrant délit de mensonge; qu'elle a attenté à la propriété de M. Chevé; qu'elle a trompé, surpris la confiance de l'administration, » et nous repoussons ces imputations odieuses et mensongères.

M. Chevé dit qu'il est la *force intelligente*, que nous sommes la *violence aveugle*.

« La *violence*, dit-il, c'est l'action d'un homme emporté, d'un

nombre des élèves du Conservatoire. Il y a une vingtaine d'années, on n'y comptait guère plus de 200 élèves. A la fin de la dernière année scolaire, il y en avait 1137, en y comprenant 60 élèves militaires. Ce nombre se décompose ainsi : élèves hommes titulaires, 324; élèves femmes titulaires, 238; élèves auditeurs, 95; classe du soir, pour l'enseignement populaire, 180. L'enseignement élémentaire est donné à environ 180 élèves. Sur ce nombre, à peu près 80 se présentent annuellement pour le concours. L'instinct populaire ne se trompe pas, et si l'enseignement du Conservatoire était aussi mauvais, aussi abrutissant qu'il plaît à M. Chevé de le dire, il ne se présenterait pas, à l'époque des admissions, vingt fois plus d'aspirants qu'il n'y a de places vacantes.

1. *Coup de grâce à la routine musicale*, 1851, p. 73, 74, 75, 76, 77, 78, 79.

fou qui frappe à tort et à travers, etc.; c'est l'action du brigand qui vous attaque sur un grand chemin, etc.; c'est le cheval fougueux qui a pris le mors aux dents, etc.; c'est l'action de l'intrigant qui, à *coups d'écus*, trompe le public pour attirer les chalands, etc.; c'est l'incendie stupide dévorant tout ce qu'il atteint, etc. »

Il dit aussi : « Et il ne s'est pas trouvé, parmi les quinze signataires qui ont signé à l'unanimité, un membre, un seul, pour venir protester, au nom de tout ce qui distingue l'homme de la brute, contre cette action abominable!!!... Ah! vous me faites pitié ! »

Non, en vérité, aucun de nous n'a protesté. Il n'est donc personne parmi nous qui puisse être distingué de la brute. Aucun de nous ne répondra non plus à ces outrages, ramassés au hasard dans les productions de M. Chevé. Nous ne parlons pas la langue de M. Chevé. Nous avons montré, dans ce travail, une faible partie des contradictions, des non-sens, des puérilités, des assertions étranges qui abondent dans ses écrits. Grâce à Dieu, la tâche que nous nous étions imposée est accomplie ; nous rentrons dans le silence que nous avions gardé jusqu'ici, et dont M. Chevé se fait une arme depuis si longtemps.

AUBER (de l'Institut), CARAFA, (id.), CLAPISSON, (id.), ERMEL. Victor FOUCHER, président, Casimir GIDE, Charles GOUNOD, F. HALÉVY (de l'Institut), JOMARD (id.), Général MELLINET. Édouard MONNAIS, NIEDERMEYER, Édouard RODRIGUES, vice-président, Ambroise THOMAS (de l'Institut), VARCOLLIER, *membres de la commission de surveillance de l'enseignement du chant dans les écoles communales de Paris.* — H. BERLIOZ (de l'Institut), DIETSCH (chef d'orchestre de l'Opéra), Georges KASTNER, (de l'Institut), J. D'ORTIGUE (directeur-rédacteur en chef de la *Maîtrise*). — PASDELOUP, F. BAZIN, directeurs de l'Orphéon de Paris.

NOTE

Un des membres de la commission, M. Halévy, croit devoir donner quelques explications qui lui sont personnelles au sujet de diverses histoires racontées par M. Chevé dans sa dernière publication[1].

M. Chevé reproche à M. Halévy d'avoir « refusé la fonction de juré dans le concours proposé par M. Chevé, et qui a eu lieu à Paris le 12 juin 1853, concours dans lequel l'*École nouvelle* appelait en champ clos toutes les écoles de musique, sans distinction de méthode ou de pays : orphéons, conservatoires, etc.[2], et offrait une médaille à l'école victorieuse.

M. Chevé continue ainsi : « Certes, dans la position toute spéciale de M. Halévy qui avait eu *le malheur de condamner notre livre sans le connaître*, et qui était alors *chargé officiellement* d'en faire un sur le même sujet, ce concours devait lui offrir un très-haut intérêt... *La prudence et l'intérêt personnel bien entendu* devaient le porter à examiner — *en action* — les moyens qu'il avait repoussés en théorie. »

Oui, M. Halévy a eu *le malheur* de condamner le livre de M. Chevé. Mais il sait lire, il est patient, et il a lu le livre tout entier, et il *le connaissait parfaitement* lorsqu'il a signé le rapport de M. Héquet. Et rien n'autorise M. Chevé à écrire le contraire de ce qui est.

1. *Le dernier mot de la science officielle*, par Émile Chevé, 1858.
2. *Id.*, p 7. Voyez aussi *Historique et procès-verbal du concours musical ouvert à Paris le 12 juin 1853*, par E. Chevé.

Oui, M. Halévy avait eu l'honneur d'être *chargé officiellement* d'un travail auquel il s'est dévoué, et si ce travail n'a pu être terminé que cinq ans plus tard, c'est que d'autres occupations sont venues, à plusieurs reprises, en interrompre l'exécution.

La prudence et l'intérêt personnel bien entendu.

Ceci veut dire sans doute qu'avec un peu d'intelligence, M. Halévy aurait prévu qu'il serait écrasé sous des brochures, sous des *factums*, dans lesquels on le traiterait de la bonne façon, ce qui n'a pas manqué. Eh bien, il est forcé de l'avouer, il a manqué à *la prudence*, comme M. Chevé la comprend, et il n'entend rien *à son intérêt personnel*.

M. Halévy, comme un grand nombre de ses confrères, a refusé, parce qu'il *connaissait* le livre de M. Chevé, parce qu'en son âme et conscience il n'approuve pas cet enseignement, parce que son opinion était formée, et que cette opinion, il l'avait manifestée. Il a donc pensé qu'il était convenable de laisser un jury nouveau juger le concours proposé par M. Chevé. Et c'est cette raison seule qui a déterminé les membres de la commission à s'abstenir. Si M. Chevé n'eût pas été satisfait du résultat du concours, n'aurait-il pas trouvé l'occasion de dire que des opinions hostiles, formées à l'avance, en avaient entravé la marche régulière, avaient faussé la majorité, etc.? On a donc voulu laisser le jury entièrement libre. Et cette conduite a paru juste, légitime et nécessaire.

Au reste, ce concours qui devait offrir un *si haut intérêt* n'en a offert aucun. Toutes les écoles de musique, toutes les sociétés chorales, tous les orphéons, tous les conservatoires, *appelés en champ clos sans distinction de méthode ou de pays*, ont fait défaut; personne n'a répondu à l'appel de M. Chevé et le champ clos ne s'est pas ouvert. Pourquoi? Nous n'en savons rien. D'où vient cette unanimité? Nous ne l'expliquons pas. La proposition de M. Chevé, répétée, maintenue à l'état d'annonce pendant six mois, avait eu un grand retentissement parmi ceux qu'elle intéressait. Ce qui est certain, c'est que personne ne s'est présenté, si ce n'est M. Chevé. Mais le concours a toujours eu lieu, la société chorale de M. Chevé a concouru seule [1], et le jury lui a décerné la médaille.

Maintenant, M. Halévy demande à M. Chevé quel tort il lui a fait en s'abstenant? Sa présence (puisque M. Chevé s'en prend toujours

---

1. Voyez l'*Historique et procès-verbal du concours musical*, etc.

à lui) eût-elle changé en quoi que ce soit les destinées du concours?
Sa présence eût-elle fait venir à Paris les orphéons et les conservatoires qui sont restés chez eux? Cette supposition est trop flatteuse
pour qu'il puisse l'admettre. Son absence a-t-elle empêché qu'on
couronnât M. Chevé? En aucune façon. M. Chevé répète que M. Halévy devait venir afin de voir son enseignement *en action*. Celui-ci
confesse qu'il ne lui était jamais venu à la pensée qu'on pût approuver — *en action* — des principes qu'on ne peut admettre en
théorie. Il n'y a pas d'*action* qui puisse prouver que 2 et 2 font 5.

Voilà donc ce qui reste de toute cette histoire. M. Halévy s'est abs-
tenu. Il a écrit une lettre polie que M. Chevé a publiée, dans
laquelle il dit à M. Chevé « qu'il lui sera impossible d'accepter la
proposition qu'il a bien voulu lui faire,.. mais que cela ne l'empê-
chera pas de suivre avec intérêt les chances du concours et d'en apprécier les résultats. »

Et il se serait dispensé d'écrire cette lettre s'il avait connu à
cette époque les gracieusetés publiées par M. Chevé contre ses
collègues et contre lui, et dont il n'a eu connaissance que beaucoup plus tard.

M. Chevé termine ainsi son récit : « Bref, M. Halévy ne suivit pas
les phases du concours, et rien ne prouve qu'il se soit occupé d'en
apprécier les résultats. »

Mais quelles phases aurait-il eu à suivre? Il n'y a pas eu de
phases, puisque M. Chevé a concouru seul. Quant au résultat, il
n'a pas été difficile à apprécier. M. Chevé a concouru seul, ou plutôt il a couru seul, dans le tournoi ouvert par M. Chevé ; M. Chevé
a remporté le prix offert par M. Chevé, et il a célébré dans une bro-
chure le triomphe de M. Chevé :

> « Comme il sonna la charge, il sonne la victoire. »

Voilà le résultat.

DEUXIÈME HISTOIRE.

« Au commencement de juillet 1853 (dit M. Chevé)[1], j'appris,
par hasard, car *le Moniteur* n'en avait pas parlé, que M. Fortoul,
ministre de l'Instruction publique, venait de créer une commission
spécialement chargée d'étudier la question de l'enseignement musical

---

1. *Le dernier mot de la science officielle*, etc., p. 15.

pour les établissements de l'Université. Cette commission, présidée par M. F. Ravaisson, inspecteur général de l'Université et membre de l'Institut, était ainsi composée :

MM. F. Ravaisson, membre de l'Institut, président.
Pillet, chef de division au Ministère de l'Instruction publique.
Dunoyer, id.
Prince de La Moskowa.
Niedermeyer, directeur de l'École religieuse.
Gounod, directeur de l'Orphéon.
Halévy, membre de l'Institut.
Dietsch, maître de chapelle de la Madeleine.
Delsarte.
Réber, membre de l'Institut.
D'Ortigue.
Delaporte.
Despretz, membre de l'Institut.

« J'adressai aussitôt à M. le Ministre, continue M. Chevé, la prière de faire examiner nos résultats pratiques par la commission. Cette demande me fut immédiatement accordée ; et par l'ordre du Ministre, je fus mis en rapport avec M. Ravaisson, président de la commission. »

Nous ne suivrons pas M. Chevé dans sa narration [1]. M. Halévy y est toujours représenté comme manquant constamment à son devoir envers M. Chevé. Il ne croit pas avoir manqué à ce devoir. Il dira ce qu'il sait et racontera ce qui s'est passé à sa connaissance.

Comme le récit à la troisième personne est très-difficile à soutenir, M. Halévy à qui il en coûte beaucoup d'écrire aussi souvent son nom, renonce à cette forme de récit. Il espère qu'on lui permettra de prendre la parole.

La commission, convoquée et réunie au Ministère, M. le président Ravaisson annonça que M. le Ministre avait l'intention d'introduire l'enseignement musical dans les établissements de l'Université, et cette communication fut accueillie avec une vive sympathie. Mais personne ne nous dit que M. Chevé, *prévenu par hasard*, avait déjà

___

1. On la trouvera p. 15 du *Dernier mot de la science officielle.*

été mis en rapport avec M. Ravaisson, et qu'il ne s'agissait, en réalité, que de la méthode de M. Chevé.

M. le président nous fit connaître quelle grave difficulté se présentait tout d'abord. Il fallait trouver le moyen de combiner l'étude de la musique avec les travaux, déjà très-nombreux, des élèves des lycées. Il voulut bien me charger du soin d'examiner cette question, de concert avec M. Dunoyer, chef de division au Ministère et membre de la commission, et de préparer avec lui un projet d'études. M. Dunoyer, avec une grâce parfaite, consentit à me donner les renseignements nécessaires, et nous trouvâmes, si j'ai bonne mémoire, qu'on pourrait, sans trop surcharger les élèves, disposer de deux ou peut-être trois demi-heures par semaine.

La commission fut convoquée une seconde fois. M. Dunoyer et moi rendîmes compte du résultat de nos conférences, et je présentai le petit projet d'études qui parut acceptable. Il ne s'agissait, bien entendu, que de musique d'ensemble, de chant choral. M. Ravaisson consulta la commission sur le choix de la méthode à employer. Plusieurs ouvrages furent indiqués. Quelques-uns de mes collègues eurent la bonté de parler du travail qui m'avait été demandé. Il ne me fut pas difficile de couper court à cette proposition ; je dis que mon travail était fort peu avancé, que je ne pouvais prévoir l'époque où il serait terminé, qu'il n'y avait donc, en aucune façon, lieu de s'en occuper. Et, en effet, ce travail ne fut achevé que deux ans après, en 1857.

M. Ravaisson proposa alors la méthode de M. Chevé, et je dois dire que cette ouverture, qui excita quelque surprise, ne parut pas rencontrer d'approbateurs parmi les membres présents.

Je dis que je connaissais le livre de M. Chevé, qu'il m'était impossible d'en approuver le principe et les déductions. Je demandai à M. Ravaisson et à mes collègues s'il leur semblait convenable que l'Université, directrice suprême de l'instruction publique, couvrît de sa haute approbation un système de pure fantaisie [1], qui ne trouvait d'autre moyen, pour combattre l'enseignement général de la musique, que de le travestir ridiculement et de lui prêter d'*immenses absurdités*. L'Université, en appelant M. le docteur Chevé, déclarerait donc qu'elle tient pour vraies ses affirmations inconcevables, sanctionnerait donc ses divagations ? Elle flétrirait donc, sur

1. C'est l'expression de Galin, père de la doctrine de M. Chevé, selon M. Chevé.

le dire de M. Chevé, l'enseignement qu'il nomme *officiel*, c'est-à-dire l'enseignement donné, au nom de l'État, par des hommes honorables? Cet enseignement, d'ailleurs, est conforme à celui qui est pratiqué en Allemagne, en Italie, dans toute l'Europe. M. le docteur Chevé part toujours de ce principe, qui lui appartient : que la notation usuelle est monstrueuse, imbécile, illisible, abrutissante. Mais, en vérité, tout le monde sait que cette notation est lue dans le monde entier, qui n'est pas abruti pour cela. A qui persuadera-t-on que la jeunesse française, douée d'un esprit si vif, si prompt, si pénétrant, a absolument besoin, pour apprendre à lire la musique, que lisent les enfants dans tous les pays, de passer sous la notation de M. Chevé? C'est porter une grave atteinte à la bonne et légitime renommée de cette jeunesse si intelligente. J'ajoutai que ne voulant être un obstacle à rien, je m'abstiendrais désormais, et je priai M. le président de trouver bon que je ne prisse plus part aux travaux de la commission.

Mes collègues, présents, me parurent approuver mes paroles, et je restai fidèle à mon principe d'abstention. J'ai appris depuis que la commission n'avait plus été convoquée, si ce n'est pour assister à une séance de M. Chevé.

« ..... La commission tout entière (dit M. Chevé, rendant compte de cette séance) parut aussi fort satisfaite, et me dit, par l'organe de son président, qu'elle me demanderait d'autres séances. J'entendis dire aussi que, désormais, on ne s'arrêterait au choix d'une méthode qu'après comparaison sérieuse : je n'en demandais pas davantage. Mais la commission ne revint plus, et je n'en entendis plus parler. »

Si la commission ne demanda pas d'autres séances, si elle *ne revint plus*, ce n'est certes pas la faute de celui qui s'abstenait, qui n'en faisait plus partie : c'est qu'elle ne fut plus convoquée; pourquoi elle ne fut plus convoquée, je n'en sais rien, et je ne l'ai jamais su.

Mais il restait dans la commission, moi absent, douze membres éclairés, savants, d'une capacité reconnue et incontestée. Pourquoi cette commission, « qui avait paru fort satisfaite, » et qui se trouvait suffisamment édifiée, puisqu'elle *ne revint plus*, ne proposa-t-elle pas au ministre l'adoption de la méthode de M. Chevé? Je n'en sais rien non plus, et je ne l'ai jamais su.

« Huit jours après la séance, continue M. Chevé, j'appris que la gravure du livre de M. Halévy, que l'on pressait beaucoup auparavant, venait d'être suspendue. »

Je ne sais quelle induction M. Chevé veut tirer de là, et je ne sais par qui sa police est faite, mais je le supplie de croire qu'il n'est pas le point de mire, le régulateur de ma conduite. Il n'y a jamais eu aucune connexité entre la *gravure de mon livre* et les préoccupations de M. Chevé. Je n'ai pas le loisir de m'informer de ce qu'il dit, de ce qu'il fait, de ce qu'il pense. J'ai dû très-souvent *suspendre la gravure de mon livre;* d'autres travaux venaient m'en détourner, et il est très-vraisemblable qu'au mois de juillet 1855 (où se passe l'action), j'ai dû forcément cesser de m'en occuper, à cause du temps considérable que me prenait l'Exposition universelle, dont il va être question tout à l'heure, à propos de la troisième et dernière histoire où me fait figurer M. Chevé.

« Je dois dire ici, dit encore M. Chevé, à l'honneur de M. Ravaisson, membre de l'Institut et inspecteur général de l'Université, qu'il ne craignit pas de redevenir écolier, pour faire l'expérience sur lui-même et connaître ainsi à fond un instrument qui pouvait, d'un jour à l'autre, être mis à la disposition de toute la jeunesse de notre pays. Quelle leçon pour M. Halévy! M. Ravaisson prit, en cinq mois, une soixantaine de leçons de madame Chevé, avec une conscience bien admirable dans sa haute position scientifique. — Pendant ce temps, et pour pouvoir juger la méthode à un autre point de vue, il faisait suivre mon cours à son jeune enfant. — Que M. Halévy prenne la peine de demander à M. Ravaisson ce qu'il pense de nos moyens d'enseignement, comparés à ceux des conservatoires. »

M. Halévy accepte la leçon, il la reçoit avec plaisir. Il tâchera d'en tirer quelque instruction. Et il va demander à M. Ravaisson, à l'instant même, ce qu'il pense des moyens d'enseignement de M. Chevé, comparés à ceux des conservatoires.

Il a fallu à mon savant confrère une *soixantaine de leçons*, et cinq mois.

Combien faudrait-il de *soixantaines de leçons*, et d'années, à un élève ordinaire?

Peut-on établir une comparaison quelconque entre M. Ravaisson, membre de l'Institut, inspecteur général de l'Université, et les pauvres enfants qui fréquentent les écoles communales, ou ceux qui reçoivent l'instruction gratuite des conservatoires?

Prenons un de ces enfants, et osons le mettre à côté de M. Ravaisson. Comparons ces deux intelligences placées aux deux extrémités de l'échelle ; l'une, brillante, fortifiée par de hautes études, riche de connaissances variées ; l'autre à peine développée, inculte, humble, timide, incertaine ; l'une, dans toute sa vigueur virile, calme, réfléchie, habile à analyser, à comparer, à concevoir ; l'autre, dans toute la faiblesse du premier âge, inattentive, distraite, ignorante d'elle-même et de toute chose, et mesurons, si nous le pouvons, l'abîme qui les sépare. Exprimons la faiblesse par le chiffre 1, et certes, si nous représentons la force par le nombre 1000, la proportion sera plutôt affaiblie qu'exagérée. Mais nous renonçons tout de suite à ce chiffre, car, si nous l'adoptions, il faudrait, pour correspondre aux soixante leçons reçues par M. Ravaisson, soixante mille leçons données à l'enfant. Soixante mille leçons, à trois leçons par semaine, cela fait à peu près quarante ans, et c'est peut-être un calcul de ce genre qu'on a présenté à M. le comte Sollohub, qui, dans ce sens, aurait parfaitement raison. Mais faisons de grandes concessions ; pour représenter la force, descendons au nombre 100. Cela fera, pour l'enfant, six mille leçons. Réduisons-nous encore, prenons 10, prenons même 5 (l'on voit combien ces évaluations sont au-dessous de la réalité), cela fera encore six cents, ou enfin trois cents leçons. Eh bien, il n'y a pas d'enfant, à moins qu'il ne soit stupide, à qui trois cents leçons, à qui deux cents leçons, à qui cent leçons soient nécessaires pour apprendre à lire la musique « par les moyens d'enseignement des conservatoires [1]. » Il n'y a pas de professeur du Conservatoire qui n'ait accepté avec empressement la tâche d'apprendre à lire la musique en soixante leçons à M. Ravaisson, qui d'ailleurs, assure-t-on, était déjà musicien avant de commencer son cours chez madame Chevé, et, enfin, soixante leçons données par un maître habile suffiront à un enfant intelligent et bien doué pour qu'il lise très-convenablement la notation usuelle.

Il faut donc apprécier à sa juste valeur la *soixantaine de leçons* reçues par un homme tel que M. Ravaisson. Quant à son jeune enfant, on ne dit pas combien de leçons lui ont été données.

1. Nous savons qu'on attaque souvent l'enseignement des conservatoires ? Mais qui donc est à l'abri de la critique, et que n'attaque-t-on pas ? Épargne-t-on l'enseignement universitaire, celui des facultés, et n'y a-t-il pas partout des *docteurs noirs* ?

Je demande pardon à mon honorable confrère M. Ravaisson si son nom figure si souvent dans ce récit. Ce n'est pas moi qui l'y ai introduit.

M. Chevé complète ainsi sa narration :

« A quelque temps de là, je rencontrai M. Ravaisson, qui me dit : Je suis convaincu ; j'ai fait un rapport au Ministre, et je demande que votre méthode soit essayée dans nos écoles en même temps que celle de **M. Daniel**, de Lille.

« Depuis lors, je n'ai plus entendu parler de cette affaire. »

Évidemment, ce n'est pas à moi que M. Chevé doit s'en prendre « s'il n'a plus entendu parler de cette affaire. »

TROISIÈME HISTOIRE.

« Autre fait, dit M. Chevé [1] : M. Halévy faisait partie du jury de l'Exposition universelle de 1855. — En sa qualité de *juge*, M. Halévy était tenu d'examiner tous les travaux admis à l'Exposition ; les nôtres figuraient à ce grand concours international. Eh bien, M. Halévy, qui a eu le temps d'examiner les vétilles exposées par M. Mercadier et par M. Lahausse, puisqu'on leur a décerné des médailles, — *n'a pas pu*, ou *n'a pas voulu* — examiner les immenses travaux qui remplissaient notre vitrine.

« L'histoire de la méthode à l'Exposition offre un épisode assez curieux, continue toujours M. Chevé, pour que le lecteur me pardonne d'entrer dans quelques détails qui montreront une fois de plus combien peu M. Halévy était soucieux de connaître la science nouvelle qu'il repoussait depuis si longtemps sans la connaître, et dont il était ENCORE, cette fois, appelé à juger *les moyens d'application et les produits*.

---

1. Le *Dernier mot de la science officielle*, p. 9. C'est un livre uniquement destiné à combattre un petit ouvrage élémentaire. L'auteur de cet ouvrage élémentaire, où le nom de M. Chevé n'est pas écrit une seule fois, où il n'est pas fait la plus légère allusion à son procédé, ni à ses procédés, n'a pas répondu à cette œuvre de critique, dans laquelle tout est confondu et dénaturé. Il n'y répondra pas. Il ne lui eût pas été plus difficile de la réfuter que de réfuter les trois histoires de M. Chevé, mais il n'a pas le temps. D'ailleurs, comme on n'enseigne pas dans ce petit ouvrage la science de M. Chevé, il est tout simple que l'auteur soit déclaré absurde et ignorant au premier chef.

« Je constate, en passant, que les deux seuls exposants qui, à ma connaissance, aient obtenu des *récompenses pour des travaux relatifs à l'enseignement musical*, sont : M. Mercadier, dont le joujou, inspiré de notre école pour l'idée comme pour l'éxécution, n'a pas la dixième partie de l'importance du *cercle harmonique* et la centième de l'*Œdipe musical* : et M. Labausse, dont les deux ou trois tableaux de mesure n'offrent pas la vingtième partie des combinaisons contenues dans le n° 6 de notre vitrine. »

« ..... Depuis l'ouverture de l'Exposition, je n'avais pas encore entendu parler d'examen de nos produits, lorsque, le 14 septembre, je reçus la convocation suivante :

« Monsieur,

« MM. les membres du Jury devront examiner votre méthode de musique, *demain, 15 septembre, à midi précis :* je viens vous prier de vouloir bien vous trouver à cette heure au Palais de l'Industrie.

« Recevez, etc. »

« ..... Le lendemain, avant l'*heure fixée*, j'étais au rendez-vous ; *la journée entière se passa sans qu'il vînt un seul des membres du jury.* — Je me rendis au secrétariat pour savoir s'il n'y avait pas eu erreur dans la fixation *du jour ou de l'heure...* — *il n'y avait pas d'erreur !* — On me dit : ... Revenez demain. — Il *ne vint personne !* — Je revins le 17, je revins le 18, je revins le 19. — *Personne !* « *Je n'ai vu personne,* » me disait chaque jour le gardien de notre carré. J'écrivis alors à M. Helmesberger, président de la section du jury, qui devait examiner nos travaux, etc.

« Cette lettre ne reçut pas de réponse, etc. »

M. Chevé raconte ensuite une conversation avec M. le secrétaire général, puis il continue :

« Toujours est-il que *les travaux de l'école, après avoir été officiellement admis à l'Exposition universelle*, n'ont point été examinés par le jury, malgré la convocation qui m'a été faite par le commissaire général, et malgré mes réclamations réitérées. Est-ce là encore de la justice ? Non ! et le jury avait-il le droit de ne pas me juger ? Non, évidemment non.

M. Chevé dit encore : « M. Halévy *avait le devoir* d'examiner nos travaux ; « *comme membre du jury de l'Exposition universelle,* M. Halévy, qui, plus que tout autre, devait se montrer impartial envers nous, a au contraire commis un déni de justice à notre égard, en n'examinant pas nos travaux, *qui, une fois admis à l'Exposition,* avaient les mêmes droits que tous les autres à l'attention du jury. »

M. Chevé raconte longuement, et si nous avons dû le suivre dans toutes les involutions de ce récit, ce n'a pas été, de notre part, sans une impatience vivement ressentie. On voit quelle peine se donne M. Chevé pour montrer à ceux qui lisent ses livres combien M. Halévy est un grand criminel, combien il est coupable envers la *science nouvelle,* avec quelle noirceur et quelle persévérance il la poursuit. L'abstention générale du jury, la réponse désespérante du gardien du carré, tout cela, c'est l'ouvrage de M. Halévy, peu soucieux de connaître la science nouvelle.

Mais M. Halévy n'accepte pas cette responsabilité. Et il s'adresse ici particulièrement aux amis de M. Chevé, qui peuvent avoir été trompés par un récit adroitement combiné, mais si manifestement contraire à la vérité, en ce qui concerne M. Halévy et le jury dont il faisait partie, que ce récit, les imputations qu'il contient, tout cela va tomber de soi-même.

Les produits de M. Chevé étaient inscrits, comme ils devaient l'être, dans la huitième classe : *Arts de précision, industries se rattachant aux sciences et à l'enseignement.* Il est facile de s'en convaincre; ouvrez le *Catalogue officiel, publié par ordre de la Commission impériale (Panis, éditeur, 10, place de la Bourse).* Cherchez la page 49, vous verrez au haut de la page, à gauche : 8e classe, plus bas : 7e section, et en tête de la colonne de droite, vous verrez le nom de M. Chevé inscrit sous le n° 2014.

Eh bien, M. Halévy n'avait pas l'honneur de faire partie du jury de la 8e classe. Il appartenait à la vingt-septième classe : *Fabrication des instruments de musique,* et il avait l'honneur d'en être le vice-président. M. Helmesberger, membre étranger, en était le président. Lorsque M. Chevé lui écrivait, il écrivait donc au président de la section *qui ne devait pas* examiner ses travaux. C'est pourquoi, sans doute, M. Helmesberger ne lui a pas répondu.

Jamais, à ma connaissance, le 27e jury n'a été convoqué pour l'examen de la vitrine de M. Chevé. Jamais je n'ai reçu de convocation pour cet objet. Et si ce jury eût été convoqué, comment expliquer son absence totale, persistante? et en quoi M. Halévy eût-il été plus coupable que ses collègues, dont pas un ne s'est montré? Et pourquoi toujours M. Halévy? Et pourquoi donc M. Chevé se permet-il de ne pas faire mention de ces deux circonstances, à savoir : que ses produits appartenaient à la 8e classe, et que j'étais membre du jury de la 27e ? Est-ce parce que cette mention aurait détruit toute l'économie de son récit, ou plutôt, l'eût rendu impossible ? Que seraient devenus alors *le déni de justice* et toutes les insinuations si ingénieusement présentées, dans l'espoir qu'*il en resterait toujours quelque chose;* mais il n'en restera rien.

M. Chevé ne savait-il pas qu'il était inscrit dans la 8e classe; chaque exposant n'avait-il pas reçu une carte et toutes les indications nécessaires? Et peut-on croire qu'au mois de septembre, cinq mois après l'ouverture de l'Exposition, M. Chevé ignorait qu'il n'était pas justiciable du jury de la 27e section, exclusivement chargé de l'examen des instruments de musique?

Est-ce que cette omission peut être involontaire? et si elle est volontaire, comment la qualifier?

MM. Lahausse (d'Issy) et Mercadier, dont les travaux ont été récompensés, appartenaient, comme M. Chevé, à la 8e classe. On a vu tout à l'heure comment M. Chevé les traite. M. Chevé, nous l'avons dit, est fort peu endurant à l'égard des méthodes, et lui, qui conteste à tout le monde le droit d'examiner ses livres, prend toute liberté de qualifier, comme il lui plaît, les travaux qui l'importunent, surtout quand ils ont été jugés dignes d'une récompense.

Le jury de la 8e classe, qui a décerné une médaille de deuxième classe à M. Lahausse (d'Issy), avait bien voulu demander l'opinion du jury de la 27e [1]. Quant à l'ouvrage de M. Mercadier, qui a obtenu une mention honorable, et dont le travail a été plus tard approuvé par le Conservatoire, le 27e jury n'a pas été consulté [2].

M. Chevé dit encore : « Qui donc, dans la commission, pouvait avoir un tel intérêt à ce qu'on n'examinât pas ma vitrine? »

S'il s'était trouvé en effet dans la commission quelqu'un d'assez à plaindre pour porter envie à la vitrine de M. Chevé, il aurait eu

1. Voici les termes du rapport de la 8e classe (Rapporteurs, MM. Mathieu et Wertheim) : M. Lahausse (d'Issy) présente une méthode pour l'enseignement élémentaire de la musique, avec le matériel spécial qui sert à son application dans les cours publics. Conformément au jugement favorable que les membres de la 27e classe ont porté sur l'utilité de cette méthode, la 8e classe a décerné à M. Lahausse d'Issy une médaille de 2e classe.

2. Le rapport dit : Mention honorable à M. Mercadier, pour sa méthode d'instruction musicale, applicable surtout dans les leçons particulières. (Rapports du Jury mixte international, Imprimerie impériale, 1856. Tome I, p. 439.)

au contraire grand intérêt à ce qu'on l'examinât, parce que devant cette vitrine, il ne lui eût pas été difficile d'en faire apprécier tout le vain étalage, toutes les erreurs, toutes les fausses théories.

Après ces trois histoires, M. Chevé m'interpelle ainsi : « J'ignore, M. Halévy, le motif qui a pu vous déterminer à agir comme vous l'avez fait vis-à-vis de l'*école nouvelle;* mais le présent doit vous montrer que vous avez eu tort, et l'avenir vous le montrera bien mieux encore. »

M. Halévy ignore le motif qui peut déterminer M. Chevé à l'isoler ainsi de ses amis, de ses collègues, de ses confrères; il n'a pas de droits exclusifs à l'attention de l'*école nouvelle.* Il ignore aussi quelle menace se cache sous cette sinistre prophétie; il ne connaît pas les moyens secrets dont M. Chevé dispose pour frapper ceux qui ont le malheur de ne pas admirer ses ouvrages. Grâce à Dieu, le présent ne lui a encore rien dévoilé de fâcheux, et il tâchera de supporter avec résignation les malheurs qu'il plaira à M. Chevé de lui envoyer.

FIN.

TABLE

PARIS — IMPRIMERIE DE J. CLAYE, RUE SAINT-BENOIT, 7.

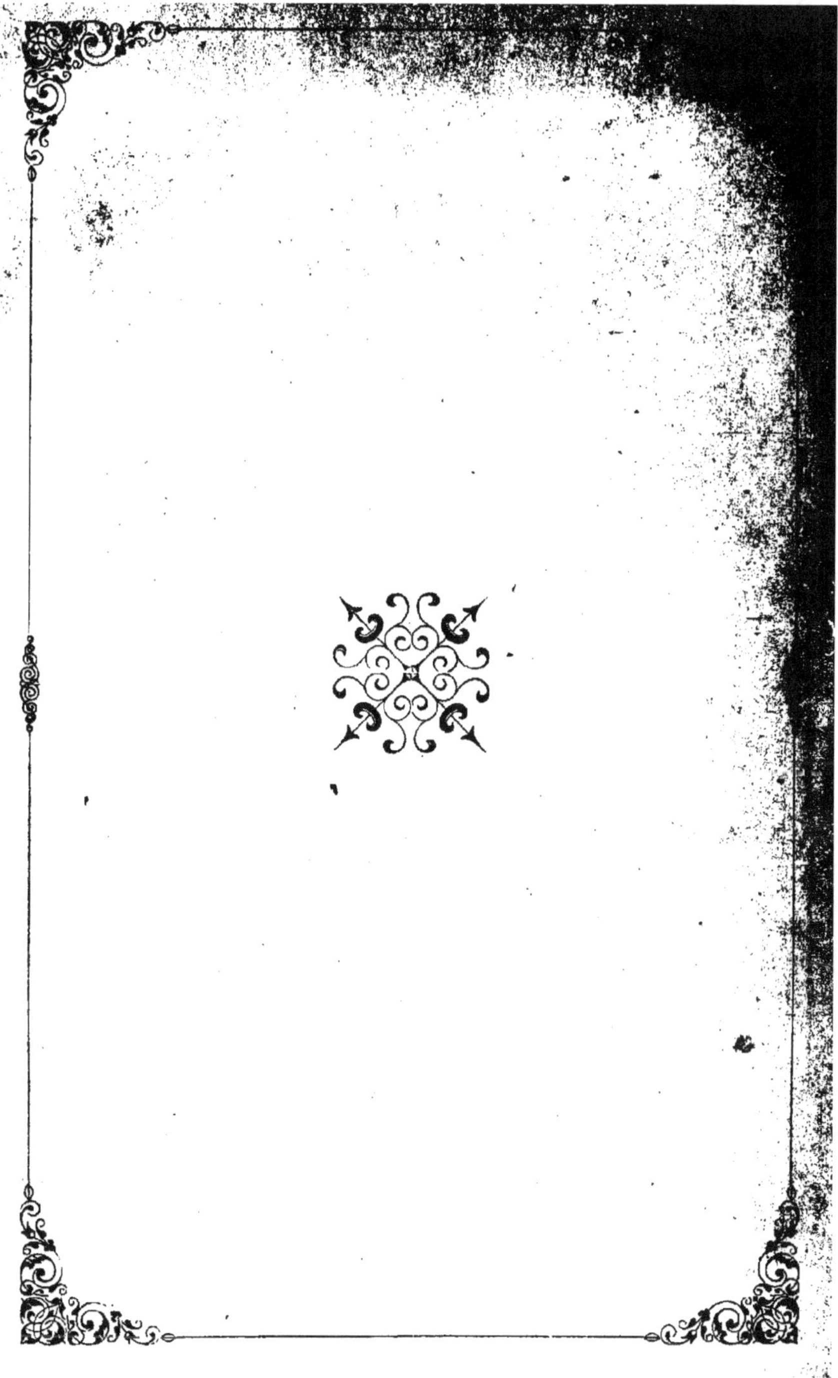